HÉROES CRISTIANOS DE AYER Y DE HOY

SOMOS UNA FAMILIA

La vida de
Charles Mulli

HÉROES CRISTIANOS DE AYER Y DE HOY

SOMOS UNA FAMILIA

La vida de Charles Mulli

JANET & GEOFF BENGE

EDITORIAL JUCUM

P.O. Box 1138 Tyler, TX 75710-1138

Editorial JUCUM forma parte de Juventud Con Una Misión, una organización de carácter internacional.

Si desea un catálogo gratuito de nuestros libros y otros productos, solicítelos por escrito o por teléfono a:

Editorial JUCUM
P.O. Box 1138, Tyler, TX 75710-1138 U.S.A.
Correo electrónico: info@editorialjucum.com
Teléfono: (903) 882-4725
www.editorialjucum.com

Somos una familia, la vida de Charles Mulli

Publicado originalmente en inglés con el título de: *Charles Mulli: We Are Family*
Copyright © 2017 por YWAM Publishing
PO Box 55787, Seattle, WA 98155

Primera edición 2018

ISBN 978-1-57658-955-7

Impreso en los Estados Unidos

HÉROES CRISTIANOS DE AYER Y DE HOY
Biografías

KENIA

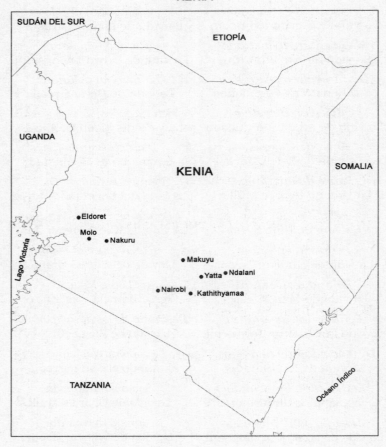

Índice

Capítulo 1

Dejado atrás

A Charles Mulli lo despertaron los rayos de sol que se filtraban a través de las grietas del techo de paja que cubría la choza de barro de su familia. Todavía le dolía el cuello de la paliza que su padre le había propinado dos días antes. Afortunadamente, la noche anterior su padre se había desplomado en la cama, demasiado borracho como para darle un puñetazo a su madre. Charles pudo escuchar el picoteo de una gallina al otro lado de la puerta de la choza; era la misma gallina a la que sus padres habían consultado ayer. Hasta donde él lograba entender, Daudi, su padre, creía que dirigiendo sus oraciones a la gallina sus ancestros lo escucharían, bendiciéndolo y guiándolo. Su padre había estado rezándole a la gallina un buen rato y, al terminar, se fue de casa con paso decidido y una expresión de determinación en el rostro.

De repente la gallina dejó de picotear, y Charles, interrumpiendo el hilo de sus pensamientos, se dio cuenta de que la choza estaba silenciosa, demasiado silenciosa. Ni siquiera se escuchaba el leve roce de la ropa producido por su madre, Rhoda, cuando se movía por el interior de la choza para preparar el fuego donde cocinaba el *ugali*, ni tampoco los balbuceos de Katumbi, su hermanita de un año. Ignorando el dolor, se levantó la cabeza y miró a su alrededor. A excepción de él mismo, la cama que compartía con sus hermanos menores, Musyoka y Dickson, estaba vacía. Pero lo más extraño de todo es que no había nadie en la choza.

Charles se sentó de un salto en el borde de la cama, completamente despierto. ¿Qué ocurría? ¿Dónde estaba su familia? ¿Cómo era posible que no se hubiera despertado con el ruido que habrían hecho todos al salir de allí? Hizo un esfuerzo por recordar. Había algo diferente en aquella situación, algo alarmante. Charles apoyó los pies en el suelo, se levantó y abrió la puerta de la choza. No tenía que cambiarse la camisa y los pantalones harapientos con los que había dormido, pues eran las únicas piezas de ropa que tenía.

Salió de la choza y se internó caminando, a través de la luminosa mañana africana, hasta más allá de las acacias, a lo largo del camino que conducía al maizal. Intentó tranquilizarse con el pensamiento de que su familia se habría levantado temprano para ir a trabajar a los campos, pero no pudo ver a ninguno de ellos encorvado sobre la cosecha de maíz, arrancando las malas hierbas, así que echó a correr por el camino con el corazón palpitante, en dirección a la choza de su abuela. ¿Estaría allí? ¿Habría quedado alguien para cuidar de él?

Normalmente habría tardado unos diez minutos en llegar desde el maizal, pero aquella mañana batió todos los registros. Casi lloró de gozo al ver a su abuela sentada en un taburete, pelando habichuelas verdes con un largo cuchillo. Esta, cuando lo vio aproximarse, lo miró con una expresión de cansancio en los ojos.

—Padre y madre no están en la choza. ¿Sabes dónde están? —preguntó Charles casi sin aliento.

Su abuela dio un profundo suspiro antes de responder.

—Se han ido, Charles, y se han marchado sin ti.

—¿Estarán fuera todo el día? Pero volverán, ¿verdad?

Su abuela negó con la cabeza y un pensamiento aterrador se apoderó de él. En algún lugar de su interior supo con certeza que su familia lo había abandonado, no durante un día o una semana, sino para siempre. No era casualidad que no los hubiera escuchado partir. Su padre, su madre y sus hermanos lo habían dejado atrás a propósito. Quizá fuera eso lo que los ancestros le habían dicho a su padre cuando le rezó a la gallina el día anterior.

Para un niño de apenas seis años era algo difícil de asumir. Charles permaneció en pie junto a la puerta de la choza de su abuela intentando entender la situación.

—¿Qué me va a pasar? —preguntó.

Su abuela se secó una lágrima del rostro arrugado.

—Vivirás conmigo, pero... —dijo fallándole la voz.

Charles sabía muy bien lo que significaba aquel *pero*. Vivían en Kathithyamaa, el pueblo situado en el sur de Kenia central, donde se habían criado su

madre y sus hermanos. Conforme a la costumbre
local, los hijos varones se quedaban con los padres y
heredaban la tierra, mientras que las hermanas eran
dadas en matrimonio y se mudaban lejos, a las tierras de sus maridos. Una hija no tenía derecho a he-
redar nada de sus padres. Sin embargo, Daudi Mulli
no había seguido la tradición y se había ido a vivir
con la familia de su esposa, llevándose con él a Charles y a sus otros tres hijos. A los cinco hermanos de
Rhoda Mulli, los tíos de Charles, les disgustó que su
hermana hubiera regresado a casa y que les pidiera
ayuda para mantenerse junto a su esposo y sus hijos.
En cierta ocasión, había escuchado sin querer a su
tío Nzioka discutir con su abuela, pues este no quería que ella alimentara con los productos de su pequeño huerto a la familia Mulli. Charles sabía que a
sus tíos les disgustaría muchísimo que le hubieran
abandonado con ellos, por temor a que su sobrino
creciera allí y acabara reclamando parte de la here-
dad familiar.

Adaptándose aún a la nueva situación, Charles
volvió a la choza de su familia para recoger un saco
de tela donde dormir y llevarlo a casa de su abuela,
a su nuevo hogar. La choza de su abuela era aun
más pequeña que la de su familia, pero a Charles le
pareció un refugio seguro, pues en su antiguo hogar
estaba acostumbrado a que su padre pegara a su
madre la mayoría de las noches y que, a continuación, desatara su furia contra él y sus hermanos. Así
pues, le consoló poder dormir en una esquina de la
nueva choza, sabiendo que al menos no tendría que
soportar otra terrorífica noche de palizas.

Sin embargo, muy pronto surgió para él otra
fuente de gran preocupación, pues en el hogar de

su abuela no sobraba precisamente la comida y su pequeño huerto no producía suficientes vegetales como para alimentar a dos bocas en lugar de una. A veces, sus tíos llevaban comida a su abuela, pero se quedaban hasta que hubiera acabado de comérsela e insistían en que no la compartiera con Charles.

—Que pida limosna —decían—. Sus padres lo han abandonado. No sirve para nada y nosotros tampoco lo queremos.

A Charles le horrorizaba la idea de mendigar. Ya era suficientemente malo que los demás chicos de la aldea se burlaran de él llamándolo «Bure Bure» (huérfano no deseado). ¿Qué le dirían cuando empezara a pedir comida a sus familias?

Sin embargo, pasados tres días y medio sin comer no aguantó más y fue a casa de un vecino a pedirle comida. A pesar de lo mucho que le dolía el estómago a causa del hambre odiaba verse obligado a hacerlo. Por suerte, en la primera choza encontró a una mujer bondadosa que le dio a comer un tazón de mandioca hervida. Incluso se arrodilló junto a Charles dispuesta a hablar con él, pero él sintió tanta vergüenza que salió corriendo con el tazón antes de que ella pudiera preguntarle nada.

Charles consiguió que la mandioca le durara dos días y pasado ese tiempo comenzó de nuevo a mendigar. A veces era recibido con generosidad, pero a medida que pasaban los meses mucha gente comenzó a hartarse de alimentar a aquel niño abandonado de seis años de edad.

—¿Cuál es tu problema? ¿Por qué te abandonó tu familia? ¿Por qué se llevaron a tus hermanos y en cambio a ti te dejaron? —solían preguntarle.

Charles no sabía cómo responder a aquello. Se rumoreaba que sus padres y hermanos vivían en la capital de Kenia, en Nairobi, a 56 kilómetros al oeste. Algunas noches, mientras yacía recostado en su saco en una esquina de la choza de su abuela, intentaba imaginar cómo sería la vida de su familia en la capital. ¿Qué estarían haciendo sus hermanos? ¿Tendrían dinero suficiente como para ir a la escuela? ¿Habría encontrado trabajo su padre, y dejado de beber y de pegar a su madre? Un año después sus padres seguían sin regresar, y Charles empezó a acostumbrarse a su nueva vida, aunque cada día suponía todo un desafío.

Transcurrió otro año más. Charles tenía ya ocho años y se sentía como un viejo. Cada jornada se levantaba con la pesada tarea de conseguir encontrar comida suficiente como para burlar el hambre. Sabía que su vida no mejoraría jamás, al contrario, algún día su abuela moriría y entonces las cosas irían a peor, pues se encontraría completamente solo. Sin embargo, una tarde, ya cerca del anochecer, en la que Charles se encontraban en el huerto arrancando las malas hierbas, un chico del pueblo vino corriendo hasta donde él estaba, gritando:

—¡Ven rápido! ¡Ella está aquí!

—¿Quién está aquí? —preguntó Charles.

—Tu madre. Tu madre ha regresado.

—¿Dónde está?

—En la choza de tu abuela —dijo el chico.

Charles salió disparado y al doblar la esquina del camino que conducía derecho al humilde hogar vio a lo lejos a un grupo de parientes alrededor de la puerta de la choza. Pudo distinguir a cuatro de sus tíos y a varios primos, y todos parecían tristes.

Al llegar donde se encontraban, Charles no se detuvo a hablar con ellos. Solo deseaba una cosa en el mundo: ver a su madre. Al pasar a toda prisa junto a sus parientes, su tío Kaisi intentó agarrarlo, pero Charles se deshizo de él y se introdujo directamente en la choza. Sus ojos tardaron unos instantes en acostumbrarse a la oscuridad del interior. Cuando lo hicieron, pudo ver a la abuela sentada en su viejo taburete y a una mujer que yacía en el suelo, con la espalda apoyada en la pared. Charles se quedó mirándola. ¿Era su madre esa mujer? La observó más de cerca pero apenas pudo reconocerla. Aquella mujer tenía los ojos amoratados e inflamados, casi cerrados por completo. Su cabeza estaba hinchada y era casi del tamaño de un melón grande. En cuanto al rostro, este estaba repleto de cortes y magulladuras.

La visión del estado en el que se encontraba su madre hizo que se le revolviera el estómago. Solo una persona podía haberle hecho eso: su padre. Apretó los puños y sintió como el odio inundaba su corazón, deseando que su padre hubiera estado allí para poder luchar con él.

—Charles, ¿eres tú? —oyó susurrar a su madre.

Charles la ignoró. Estaba demasiado enfadado para hablar con ella; enfadado de que se hubiera ido con su padre, enfadado consigo mismo por no ser capaz de protegerla y enfadado con ella por haberlo abandonado. Entonces escuchó un lloriqueo que procedía de una pila de harapos amontonados en una esquina, y que hasta entonces le habían pasado desapercibidos. Se volvió y vio a su abuela levantar algo; era un bebé. Charles se asomó por encima de ella para ver mejor.

—Este es tu hermano, se llama Zacarías —dijo
su abuela.

Al observarlo más de cerca vio que las manos y
la nuca del bebé estaban en carne viva y rezumaban
un fluido amarillento.

—¿Qué le ocurre? —preguntó temeroso de la
respuesta.

Su abuela suspiró.

—Tu abuela dice que Daudi la atacó justo cuando sostenía al bebé en brazos. Intentó protegerlo,
pero durante la paliza se le escurrió y cayó al fuego.

Charles observó perplejo a su madre. ¿Acaso
aquella pesadilla no terminaría nunca?

El tío Nzioka entró en la choza y Rhoda levantó
la vista hacia él.

—Necesito ir al hospital, aunque solo sea por el
bien del bebé —suplicó con un leve movimiento de
los labios hinchados y manchados de sangre seca.

Su madre sujetó con fuerza al bebé y el tío Nzioka
la ayudó a ponerse en pie y la condujo fuera de la
choza.

Aquella noche, mientras yacía en el suelo metido
en su saco de tela, Charles se imaginó a su madre
en el hospital. Mientras escuchaba la respiración fa-
tigosa de su abuela, intentó procesar los sucesos del
día. ¿Habría vuelto su madre a casa, y traído a Zacarías con ella, solo para morir? Y si ella se moría en el
hospital, pero el bebé sobrevivía, ¿quién cuidaría del
niño? ¿Sería suya la responsabilidad de cuidarlo?
Y si, por el contrario, su madre se recuperaba, ¿se
volvería a marchar? ¿Podría esta vez acompañarla?
Charles tenía muchas más preguntas que respuestas. Como solía ocurrir, sabía que tendría que esperar para ver lo que le tenía preparado el destino.

El tiempo fue pasando, y Charles rogaba a su abuela que le diera noticias de su madre y su hermanito, pero su única respuesta era que seguían en el hospital. Un día, finalmente, su madre regresó con Zacarías a la choza de la abuela. Esta vez a Charles no le costó reconocerla. Tenía mucho mejor aspecto e incluso le dio un abrazo. Las manos y la cabeza de Zacarías también estaban mejor, gracias a una pomada que había que echarle en las heridas todas las mañanas y las noches.

Pero el regreso de su madre a Kathithyamaa no impidió que Charles siguiera haciéndose muchas preguntas: ¿qué sucedería a continuación? ¿Se marcharía su madre sigilosamente durante la noche y volvería con el monstruo de su padre? Y si lo hacía, ¿se llevaría al bebé? Charles se consolaba con el pensamiento de que, tras aquella última paliza, seguramente su madre ya no volvería jamás con su marido.

Sin embargo, al final resultó que fue Daudi el que volvió junto a Rhoda. Un día, aproximadamente un mes después, su padre apareció por la puerta de la choza de la abuela. Charles reconoció al instante la silueta pequeña y robusta de su progenitor, e intentó encogerse en una esquina para pasar desapercibido. Podía haberse ahorrado el esfuerzo, ya que su padre entró en la choza sin ni siquiera fijarse en él.

La noticia del regreso de Daudi no tardó en extenderse por todo Kathithyamaa. Pronto la choza quedó atestada de parientes y sus tíos pidieron a Charles que esperara fuera, aunque él pudo oír todo lo que ocurría dentro de la casa de su abuela.

—Deberías avergonzarte de haber abandonado a ese chico a su suerte —dijo uno de los tíos.

—Sabemos lo que te propones. No puedes venirte a vivir aquí, no te queremos en nuestra aldea —dijo otro.

—Y si no cuidas mejor a tu mujer te denunciaremos ante los ancianos del clan.

A Charles le agradó pensar en esa posibilidad. Sabía que los ancianos del clan solo se ocupaban de ofensas graves, pero cuando lo hacían su justicia era rápida y severa.

La voz de Daudi sonó baja y tranquila.

—Todo eso quedó atrás. No habría vuelto si no quisiera volver a hacerme cargo de mi familia.

—¿Y que pasa con Charles? —inquirió el tío Kingoo.

—Sí, también de él. Charles es mi hijo mayor y pienso llevármelo a Molo, donde me espera el resto de mis hijos. Nunca deberíamos haberlo abandonado.

Al escuchar esas palabras Charles se vino abajo. ¿Cómo iba a soportar de nuevo aquel ambiente de borracheras y violencia? Prefería muchísimo más quedarse con su madre y con su abuela, aunque la comida escaseara. El miedo a lo que podría pasar atenazaba el alma de Charles con la misma ferocidad con la que el hambre atenazaba su estómago.

La conversación en el interior de la choza prosiguió por largo rato, y Charles sintió que su padre iba venciendo poco a poco la resistencia de los parientes de su madre. Finalmente, el tío Ndambuki dijo:

—Está bien, puedes llevarte a Rhoda, pero debes mantener tu promesa de cambiar de comportamiento. Y también debes llevarte a tu chico.

Charles sabía que no serviría de nada oponerse, su destino estaba sellado.

A la mañana siguiente la familia Mulli se levantó temprano, Charles incluido; había llegado el momento de partir. Charles tenía un nudo en el estómago del tamaño de un mango. La noche antes su madre le había dicho que primero tomarían un autobús hasta Nairobi y luego otro hasta el pueblo de Molo, en el valle del Rift. Allí era donde su madre había recibido la paliza y donde les esperaban sus dos hermanos, mientras trabajaban en la granja Kavulu, propiedad de un rico granjero blanco. Además, su madre tenía otra noticia que darle: su hermanita pequeña, Katumbi, había muerto a causa de unas fiebres. Charles quedó conmocionado. ¿Qué otras cosas sorpresas le reservaría su nueva vida en Molo?

Capítulo 2

El habitual nudo

Charles observó el paisaje a través de la ventanilla del autobús. Se encontraba de camino a Molo, a unos cientos de kilómetros al noroeste de Nairobi, en dirección a la granja del hombre blanco donde trabajaba su familia. Mientras las áridas tierras rojizas pasaban a toda velocidad ante él, Charles se permitió albergar la esperanza de un nuevo comienzo. Aunque lo encontraba difícil de creer, quiso pensar que la intención de su padre era firme, y que la seriedad de las heridas recibidas por su madre en la última paliza, así como las quemaduras sufridas por Zacarías, harían que su progenitor cambiara de actitud para siempre. Charles esperaba también que su madre mantuviera su promesa de dejarle ir a la escuela en Molo.

Cuando el autobús se detuvo en el punto del trayecto más cercano a la granja Kavulu, para que pudiera descender la familia Mulli, ya casi había anochecido. Sin embargo, a ellos aún les quedaban once kilómetros (siete millas) por recorrer, aunque al menos no tenían mucho que cargar. La madre de Charles llevaba a Zacarías envuelto en un cabestrillo a la espalda, y su padre llevaba un saco con algunos vegetales. En cuanto a Charles, este cargaba con un saquito de sal que le había dado su abuela.

El sol se fue poniendo, y todos siguieron a su padre a través de un camino bordeado de brotes de crisantemos blancos que se extendían hasta donde alcanzaba la vista.

—Usan las semillas de las flores para fabricar un líquido que repele a los insectos y los mantiene alejados de otras plantas —le dijo a Charles su madre. Y un poco más adelante, anunció—: Ya casi hemos llegado.

Efectivamente, Charles no tardó en divisar tres chozas de barro que se alzaban en medio de un claro. Se parecían a las chozas de Kathithyamaa, con sus paredes de barro, sus techos de hierba seca y unos agujeros que hacían las veces de ventanas. Tan solo unos metros más allá, dos jovencitos araban la tierra para plantar en ella.

—¡Musyoka! ¡Dickson! —gritó Charles mientras corría hacia ellos. Los tres hermanos se fundieron en un abrazo y se pusieron a bailar. Charles miró a su espalda y vio a sus padres sonriendo. *Quizá*, se permitió pensar, *este sea realmente un nuevo comienzo para todos nosotros.*

—Voy a hervir algunas verduras —dijo su madre, y añadió dirigiéndose a su padre—: Tú lleva a Charles a su abuelo.

El padre de Charles asintió.

—Tendrás que quedarte con él. En la choza no hay espacio suficiente para todos —le dijo a Charles.

Sintió que el miedo crecía en su interior. No conseguía recordar el rostro de Kaleli, su abuelo paterno. ¿Y si Kaleli era como su padre? ¿Y si era incluso peor? ¿Se repetiría, una y otra vez, su vida de pesadilla?

Cuando llegó a la choza de su abuelo Kaleli ya había anochecido. Se trataba de un hombre fuerte y de piel muy oscura, como la de su padre, y su dentadura era blanca y brillante.

—Me dijeron que venías. Me alegro de que estés aquí —dijo su abuelo rodeándolo con un gran abrazo. Charles se quedó atónito. No podía recordar que nadie, en toda su vida, le hubiera dicho jamás que se alegrara de verlo. Quizá las cosas fueran a ser mejores de lo que se había atrevido a imaginar.

Mientras Charles y sus hermanos jugaban fuera, su padre y Kaleli permanecieron en el interior de la choza hablando. Al cabo de un rato, su padre y sus hermanos partieron, y Charles se quedó solo con el anciano.

—Siéntate aquí —dijo Kaleli—. Debes de estar hambriento.

Charles sonrió. Era estupendo que a uno le ofrecieran comida, en lugar de tener que mendigarla.

Rápidamente ambos se sentaron lado a lado, Kaleli en un taburete de tres patas y Charles sobre el tronco de un árbol.

—¿Cuántos años tienes, chico? —preguntó Kaleli.

—Nueve —respondió Charles, mientras devoraba otro enorme bocado de delicioso boniato.

—Ah, cuando yo tenía tu edad mi abuelo solía contarme historias, ¿quieres que te cuente una?

Con la boca llena, Charles se limitó a asentir.

—Hace muchísimo tiempo vivía un chico muy pobre que se llamaba Chochete. Como no tenía nada, decidió dejar su tierra en busca de una vida mejor. Chochete construyó un barco y se lanzó a surcar los mares. Tras muchos días de navegación vio una pequeña isla y decidió desembarcar en ella. Allí se topó con un increíble paraíso, lleno de árboles frutales y gente que vivía feliz. También se encontró a una hermosa chica, la hija del rey, que paseaba aquel día por la playa, y se enamoró de ella.

Charles se metió en la boca otro trozo comida. Estaba maravillado de que su abuelo le estuviera contando una historia; nadie había hecho eso por él antes. Kaleli prosiguió su relato:

—Por supuesto, el rey no quería que su hija se casara con un chico tan pobre, alguien que no tenía nada. Sin embargo, la princesa amaba perdidamente a Chochete, así que el rey no tuvo más remedio que permitir la boda. «Pero primero vayamos a visitar a tu familia», dijo el rey. A Chochete le preocupó mucho que el rey pudiera cambiar de opinión, al ver lo pobre que era también su familia. Pero el rey insistió en hacer el viaje, así que pidió que le trajeran su gran barco y toda la familia real zarpó, junto con Chochete, dispuesta a surcar los mares. Pasado un tiempo llegaron al pueblecito donde vivía la familia de Chochete, que por entonces era aún más pobre que cuando el chico había partido, ya que habían tenido malas cosechas y hacía meses que no llovía.

Cuando el rey vio todo aquello, dijo a la familia del chico: «Ya que Cochote va a ser mi yerno, ustedes son también parte de mi pueblo. Suban a bordo de mi barco, les llevaré conmigo a la isla y podrán vivir con nosotros». Chochete apenas podía creer lo que oía, pero el rey cumplió su palabra. Se llevó a toda la familia a la isla y allí vivieron sanos y felices, y Chochete y la princesa fueron también muy dichosos.

Charles sonreía absorto. Estaba encantado de tener la barriga llena y un cuento en su cabeza.

—¿Te sabes más historias como esa? —preguntó.

Kaleli soltó una pequeña risita.

—Muchísimas más. Mi abuelo me contó muchas, y yo también te las contaré a ti. Pero ahora no; ha llegado el momento de irse a dormir.

Charles se recostó sobre una pila de sacos. Aunque podía notar bajo su cuerpo todas las irregularidades del suelo, se sentía feliz. Poco a poco se fue quedando dormido, mientras pensaba en Chochete y la princesa, y lo maravilloso que sería que un rey viniera a llevarse a toda su familia a bella isla donde hubiera comida para todos.

A la mañana siguiente, apareció su madre y, con una gran sonrisa, le dijo a su hijo:

—Ven conmigo, Charles. Voy a llevarte al colegio.

Se llenó de asombro. ¿En serio? ¿Al colegio? ¿Al lugar donde podía aprender a leer y a escribir? Su mente desbordó de ilusión. Quizá algún día podría llegar a leer historias como la que Kaleli le había contado la noche anterior.

—Ponte esta ropa —le dijo su madre pasándole una camisa gris con botones y un pantalón corto de color marrón. Por supuesto, era ropa usada, pero estaba limpia y no tenía arrugas.

Charles se quedó mirando absorto la ropa durante un minuto, asimilando todo aquello. Tenía un uniforme. Era difícil de creer. ¡Realmente iba a ir al colegio!

Su madre, que llevaba a Zacarías en un hatillo a la espalda, y él se pusieron a caminar por la carretera en dirección oeste. Tras recorrer aproximadamente un kilómetro y medio, Charles divisó a lo lejos un edificio bajo y largo con paredes de barro y un tejado de metal corrugado. ¡Habían llegado a la escuela! Al acercarse, pudo ver que dentro había filas de pupitres de madera con largos bancos corridos donde sentarse, y un hombre muy alto situado al frente de la clase que sostenía una varita en la mano.

—Ese es tu maestro —dijo su madre—. Haz lo que te ordene o te meterás en líos.

Charles no necesitaba que le dijeran eso. Soñaba con ir al colegio desde hacía más tiempo del que podía recordar. Su padre había llegado a segundo grado y su madre a tercero. Ambos podían leer y escribir oraciones sencillas en kikamba, su idioma, pero ninguno de los dos sabía una palabra de inglés. Charles soñaba con el día en que pudiera leer y escribir en ambos idiomas.

El maestro, el Sr. Jengo, le señaló un pupitre y Charles se apretó en el extremo de un banco donde ya sentaban otros tres alumnos, que compartían un libro de lectura en suajili. Aunque no era el idioma nativo de Charles, el suajili era la lengua oficial de Kenia y todos los estudiantes debían aprenderla en el colegio. Como no tenía lápiz ni cuaderno, tuvo que contentarse con mirar cómo escribían sus compañeros. Confiaba en que su madre pudiera pronto comprarle a él también materiales de escritura.

Charles no tardó mucho en comprobar que el Sr. Jengo era un hombre violento que tenía accesos de ira cuando los alumnos no obedecían sus instrucciones. A causa de las palizas que había recibido de su padre a lo largo de los años, Charles estaba parcialmente sordo del oído izquierdo, por lo que no siempre entendía lo que decía el maestro. Eso hizo que tuviera que soportar con frecuencia los golpes que su maestro le propinaba con la vara en la cabeza, que sin embargo no impedían que se sintiera agradecido de poder ir al colegio. Lo que más le gustaba eran las matemáticas, y pronto aprendió a sumar y restar cifras inferiores a la centena.

Cuando terminaban las clases, a veces iba a comer con su familia, pero casi siempre era Kaleli quien le daba de comer. Cuando visitaba la choza de su familia, siempre comprobaba primero si había alguna señal de que su padre se estuviera comportando de forma violenta. Infelizmente, era algo que sucedía con frecuencia. En ocasiones, su padre pasaba varios días fuera de casa buscando trabajo y solía volver sin dinero ni paciencia. Charles notaba también las marcas en la cara y las piernas de su madre. En cuanto a sus hermanos, Musyoka y Dickson le contaban a Charles que su padre también les pegaba. Aunque el se sentía a salvo viviendo con su abuelo, ¿de qué le servía si el resto de su familia seguía en peligro?

Una mañana, al llegar a la escuela, varios niños lo señalaron y empezaron a susurrarse al oído. Charles se preguntó qué habría ocurrido y no tardó mucho en averiguarlo. Aquella noche su padre había regresado a Molo muy borracho y había tenido una reyerta con un vecino. Tuvieron una gran pelea y ninguno de los dos quería ceder. Finalmente, Daudi consiguió imponerse y empezó a golpear a su adversario como un loco. Después dirigió toda su furia hacia Rhoda y los hermanos de Charles. Cuando este se enteró de lo que había ocurrido, pidió permiso en el colegio y corrió por la carretera hasta la choza donde vivían sus padres. Mientras recorría el camino a toda velocidad con sus pies descalzos, solo conseguía pensar en lo mucho que le habría gustado ser más grande; lo suficiente como para darle a su padre la lección que sin duda se merecía.

Al llegar, se detuvo frente a la choza casi sin aliento e inmediatamente sintió cómo se le formaba el habitual nudo en el estómago. La choza estaba vacía, no solo de gente, sino también de pertenencias. Entonces corrió hacia la choza de su abuelo, quien, tras recibirlo con un gran abrazo, escupió con desprecio en el suelo:

—Tu padre es un inútil —dijo—. Se ha marchado y se ha llevado a los niños. Tu madre también se ha ido, pero ha vuelto a Kathithyamaa para que la cuide su madre.

Charles recibió aquellas noticias como un puñetazo en el estómago. Una vez más, su familia se había ido sin él. Era como si todo su mundo hubiera perdido el color, volviéndose gris. Siguió yendo al colegio, pero los niños empezaron a burlarse de él, llamándolo «huérfano» y «olvidado». Kaleli también cambió, comenzó a beber y, aunque no se ponía violento como su padre, sus borracheras le daban mucho miedo.

Unos seis meses después de que su familia lo abandonara por segunda vez, Kaleli llamó a Charles y le pidió que se sentara junto a él en el exterior de la choza. Era una tarde soleada y sin nubes, pero a Charles se le hizo otra vez el habitual nudo en el estómago. Podía sentir que algo muy malo estaba a punto de ocurrir.

—He recibido noticias de tu padre —comenzó a decir su abuelo—. Tu madre se encuentra mejor y han vuelto a vivir juntos en Nakuru. Yo ya no puedo cuidar de ti, Charles. Tendrás que irte a vivir con tus padres.

—Pero mis padres no me quieren. Me abandonaron, ¿recuerdas? —replicó Charles.

—Comprendo, pero aun así no puedo seguir cuidándote. No es posible. Tú eres responsabilidad de tus padres, son ellos los que tienen que cuidar de ti y tu deber es encontrarlos. Dijeron que estaban en Nakuru. Estoy seguro de que los encontrarás allí.

—¿Y cómo llegaré a ese lugar? —preguntó Charles.

—Yo te daré dinero para el tren y, cuando llegues a Nakuru, te bajarás y encontrarás algún modo de contactar con ellos.

Charles permaneció sentado, atónito y en silencio.

—Ya verás como los encuentras, y ellos tendrán que aceptarte. Así es como tiene que ser —dijo su abuelo.

A Charles le vinieron a la mente un millón de objeciones, pero comprendió que era inútil discutir. Su abuelo Kaleli había tomado una decisión firme. Para bien o para mal, estaba a punto de emprender la marcha en solitario.

—¿Cuando me tengo que ir? —preguntó.

—Mañana por la mañana te acompañaré a la estación de tren.

Charles asintió. Supuso que nunca volvería a ver a su abuelo, y tampoco asistiría nunca más al colegio. Se había acabado la rutina de acostarse a salvo por la noche y despertar feliz por la mañana.

Aquella noche apenas durmió. Por su cabeza pasaron todo tipo de posibilidades, mientras intentaba imaginarse lo que sucedería cuando bajase del tren en Nakuru. ¿Habría allí alguien que pudiera decirle dónde estaba la casa de sus padres? ¿Encontraría a algún comerciante bondadoso que le diera unos pocos restos de comida?

Cuando llegó la mañana, Kaleli permaneció extrañamente silencioso. Mientras recorrían juntos los ocho kilómetros que los separaban de la estación de tren, Charles se dirigió a su abuelo para agradecerle sus cuidados y todas las historias de África que había compartido con él.

—Me acordaré de ti y de tus historias el resto de mi vida —le dijo al anciano.

Kaleli asintió y pasó su mano por la cabeza de Charles.

—No eres muy grande para ser un niño de once años, pero eres fuerte y decidido. Saldrás adelante, sé que lo harás —le dijo.

Capítulo 3

«Es un desperdicio»

Toda su preocupación acerca de su futuro se desvaneció por un momento cuando vio llegar a lo lejos la inmensa locomotora de vapor que acabó por detenerse en la estación con una sacudida, justo enfrente de él. Chorros de vapor le salían por debajo, mientras la chimenea soltaba una nube de humo negro. Era la mayor máquina que Charles jamás había visto, ¡y estaba a punto de montar en ella!

Kaleli entregó un pasaje al revisor y Charles subió a bordo del tren. Encontró un sitio junto a una ventana, cerca de un hombre que fumaba un cigarrillo, y se preparó para el viaje de cincuenta kilómetros hasta Nakuru. La locomotora emitió un fuerte silbido y el tren dio una sacudida al iniciar la marcha. Mientras ganaban velocidad, Charles aprovechó para despedirse de su abuelo diciéndole adiós con la mano. Ahora dependía de sí mismo. Si le ocurría algo, ni su abuelo ni su madre irían a buscarlo, ya que cada uno creería que estaba con el otro. Charles intentó quitarse de la mente aquel pensamiento.

Los campos y la maleza pasaban rápidamente al otro lado de la ventanilla del vagón. Mientras observaba de lejos las gacelas y las jirafas, se maravilló de lo diferente que era viajar en tren que en autobús. Sobre todo porque los trenes llevaban a mucha menos gente a bordo. Además, a través de la ventanilla del vagón entraba una brisa fresca. Charles se acomodó en su asiento e intentó relajarse, pero no pudo. Su mente era un mar turbulento de preocupaciones sobre lo que podría ocurrirle a continuación y lo que haría una vez llegase a Nakuru. ¿Cómo encontraría a su familia? ¿Y si su padre había decidido, de un día para otro, mudarse con la familia, tal y como había hecho ya anteriormente? En cualquier caso, ¿de verdad quería volver a ver a su padre?

El hombre que estaba sentado junto a Charles se puso en pie y tomó una pequeña maleta del portaequipajes, situado justo encima de su cabeza. La abrió y Charles pudo ver que estaba llena de libros y de ropa. El hombre rebuscó entre sus cosas y sacó un paquete de pan y muthura (salchicha de cabra). A Charles se le hizo la boca agua al verlo comer. Sabía que su abuelo se había gastado todo lo que tenía en el billete de tren y que no le había quedado dinero para comida. Empezó a dolerle el estómago de hambre, y se preguntó que se sentiría al ser alguien importante que tiene su propia maleta llena de comida, libros y ropa. Cuando una mujer pasó por el pasillo vendiendo té caliente a los pasajeros, Charles negó con la cabeza, pero el hombre sentado a su lado se compró una taza de la deliciosa bebida.

Mientras contemplaba cómo se bebía el té, le vinieron a la mente más dudas y preocupaciones. Había puesto todas sus esperanzas en sacar buenas notas en el colegio, pero ahora que ya tenía once años sintió que aquello había quedado atrás. ¿Volvería a ir algún día al colegio? Y si no iba, ¿qué tipo de vida podía esperar? Si su padre no abandonaba la bebida y dejada de comportarse de forma violenta, ¿qué esperanza había para cualquiera de ellos? Pero lo que más le asustaba era la posibilidad de no encontrar a su familia. Si la vida había sido dura junto a ellos, sabía que aún lo sería más sin nadie que se preocupara de si estaba vivo o muerto.

Cada vez que, a lo largo del camino, el tren se detenía echando chorros de vapor en alguna estación, decenas de mujeres se agolpaban junto a las ventanillas vendiendo frutas y pan, y Charles observaba hambriento la comida.

Finalmente, el revisor recorrió el pasillo, anunciando:

—¡Estación de Nakuru! ¡Próxima estación, Nakuru!

Había llegado al final de su trayecto, se puso en pie y se dirigió a la puerta del vagón. El tren se detuvo dando una sacudida y Charles descendió a la plataforma, donde permaneció un minuto sintiéndose absolutamente solo, abandonado entre un mar de gente. Todo el mundo parecía tener algo que hacer. Había hombres que transportaban equipaje a través de la puerta de la estación y mujeres que los seguían sujetando a niños de la mano.

Al cabo de unos minutos subieron al tren más personas con sus pertenencias y el convoy reanudó la marcha. La plataforma quedó vacía a excepción de Charles. El sol pegaba fuerte sobre su cabeza y recordó que Kaleli le había dicho que Nakuru estaba muy cerca de la línea del ecuador. Tras secarse el sudor de la frente con la manga, se dirigió al interior de la estación, donde vio a un empleado sentado tras una mesa.

—Perdone, ¿sabría usted decirme dónde viven Daudi y Rhoda Mulli? —le preguntó Charles.

El empleado de la estación levantó la vista y negó con la cabeza.

—Jamás he oído hablar de ellos —respondió.

Charles salió de nuevo al sol, tenía unas cinco horas para encontrar a su familia antes de que cayera la noche. Vio a dos hombres que descargaban barriles y les preguntó por el paradero de sus padres, pero estos se limitaron a encogerse de hombros. Charles siguió caminando y atravesó la ciudad, preguntando a todo el mundo si conocía a sus padres.

Durante la primera hora aproximadamente, Charles se esforzó por permanecer optimista. Se dijo a sí mismo que era solo cuestión de tiempo antes de que alguien reconociera los nombres y le señalara hacía dónde debía ir para encontrar a su familia. Para cuando llegó a la zona del mercado, la gente empezaba ya a cerrar sus tenderetes[1] tras el día de trabajo. Charles siguió preguntando a todos los que había allí, por si alguien conocía a sus padres. Algunas personas se negaban a prestarle atención, seguramente pensando que era un mendigo, mientras que otras lo escuchaban educadamente, pero no eran de ninguna ayuda.

Cuando al fin se puso el sol y el mercado quedó vacío, él seguía sin encontrar a sus padres. No sabía

---

1   Tenderete: Puesto de venta al por menor, instalado al aire libre.

qué hacer, así que al final decidió regresar por donde había venido y volver a la estación de tren. Allí, en una esquina de la plataforma de cemento, encontró un lugar donde acurrucarse para descansar. Aquella noche durmió mal, escuchando el sonido sordo que hacían las gotas de lluvia al golpear sobre el tejado de metal corrugado. Apenas amaneció se levantó y empezó de nuevo a preguntar a todo el mundo —a los viandantes, a los conductores que se detenían en los cruces de las calles, a los tenderos y comerciantes— si habían oído hablar de Daudi y Rhoda Mulli. Nadie los conocía. Era como si sus padres se hubieran esfumado de la faz de la tierra. Entonces vio a un chico algo mayor que él que revolvía el contenido de un bidón de basura, buscando restos de comida. Cuando se encontró con otro bidón él hizo lo mismo, y después buscó también en el siguiente, con la esperanza de encontrar algo con lo qué alimentarse. Al fin encontró un pedazo de carne, pero estaba lleno de gusanos, así que lo devolvió al bidón. Aún no estaba lo suficientemente hambriento como para comerse aquello, al menos por ahora. Finalmente, una mujer que atendía un puesto de frutas le ofreció una banana en mal estado, que Charles devoró agradecido.

Al caer la noche regresó a la estación a dormir. Deseaba con todas sus fuerzas subir de nuevo al tren y regresar con su abuelo, pero sabía que no sería bien recibido. Además, no tenía ni una miserable moneda con la que comprar un pasaje. Para bien o para mal, Nakuru era ahora su hogar.

Charles comprendió que por sí mismo no estaba consiguiendo nada y que, si quería encontrar a sus padres, necesitaba la ayuda de alguien, así que cambió de estrategia y empezó a preguntar a la gente dónde podía obtener ayuda para encontrar a sus padres desaparecidos. Algunas personas le dijeron que fuera a la estación de policía.

Sin embargo, no estaba seguro de que esa fuera una buena idea. Nunca había hablado con un policía, y estos tenían fama de ser severos con los niños, e incluso de maltratarlos. Sin embargo, comprendió que tenía que hacer algo, pues no quería llegar a confundirse entre la multitud y transformarse en otro niño mendigo más, de los muchos que recorrían las calles. Por lo tanto, cobró ánimo y entró en la estación de policía. Un oficial se le acercó y le preguntó:

—¿Qué quieres?

Charles respiró aliviado, la voz de aquel hombre no parecía cruel. Le explicó al oficial que estaba buscando a sus padres y que creía que trabajaban para un granjero blanco.

—Quédate aquí —dijo el oficial tras interrogar a Charles—. Voy a ver si consigo averiguar algo acerca de ellos.

Charles pasó las cinco horas más largas de su vida esperando a que el policía regresara para hablar con él. Intentó no pensar en lo peor, pero antiguos temores volvieron a invadir su mente. ¿Y si no encontraban a sus padres? ¿Y si habían muerto, o se habían mudado? ¿Y si su padre había matado a su madre y se había escondido para que no lo pillaran? ¿Qué haría él entonces? Se convertiría en un niño de once años en una ciudad extraña y sin nadie en absoluto en quien confiar.

Cuando al fin regresó el oficial de policía, la sonrisa que llevaba en su rostro hizo que Charles sintiera una gran sensación de alivio.

—Los he localizado, sígueme —dijo.

Charles siguió al oficial fuera de la estación y hasta el otro lado de la calle. Luego caminaron casi dos kilómetros hasta las afueras de la ciudad, donde había una larga fila de chozas de barro.

—Esa es —dijo el oficial señalando hacia una de ellas—. Esa es la choza donde viven los Mulli.

Tras dar las gracias al policía, Charles se dirigió hacia la choza. El estómago le dolía de hambre y se encontraba muy nervioso. Llamó a la puerta, pero nadie respondió. Volvió a llamar y escuchó pasos dentro. De repente la puerta se abrió y vio a su madre, que cayó de rodillas y lo abrazó.

—¿Cómo nos has encontrado? —le preguntó— ¿Cómo has llegado hasta aquí?

Un instante después los hermanos de Charles corrían hasta la puerta. Rhoda le contó a Charles que su padre estaba en la ciudad buscando trabajo y no volvería a casa hasta tarde, así que se sentó con su familia y todos compartieron una sencilla cena alrededor de una lámpara de aceite. Charles se sintió de maravilla por estar de nuevo con su madre y sus hermanos.

Aquella noche se acostó sobre el suelo de la choza con una fina manta sobre él. En la cama de sus hermanos no había sitio suficiente para él. Mientras permanecía allí tumbado, pensando sobre la vida, su gozo por haber conseguido encontrar a su madre y sus hermanos comenzó a transformarse en un sentimiento de ansiedad. ¿Qué pasaría cuando su padre regresara a casa? ¿O mañana, cuando quisiera desayunar con los demás? ¿Habría suficiente comida para todos?

Como si de una premonición se tratara, Charles escuchó el crujido de la puerta al abrirse, seguido del sonido de los pasos titubeantes de su padre. Tembló al sentir su presencia por encima de él. Esperó un puntapié, pero en lugar de ello escuchó que decía:

—¿Qué estás haciendo aquí? Se supone que tendrías que estar en el colegio. Ahora es tu abuelo quien tiene que cuidar de ti, no yo.

—Kaleli me ha enviado. Me dijo que ya no podía ocuparse de mí —respondió Charles en susurros.

—¿Qué? ¿Cómo puede ser eso? —preguntó su padre.

Charles no respondió. En realidad, tampoco él sabía la razón.

Daudi gruñó. Charles permaneció tenso hasta que le escuchó derrumbarse en su cama.

Podía haber sido mucho peor, al menos no me ha pegado, pensó Charles mientras intentaba dormirse de nuevo.

A medida que pasaban los días, se hizo cada vez más obvio que su padre no lo quería allí, y en su casa continuaron los malos tratos. Charles no se quitaba de la cabeza la idea de volver al colegio, y varias veces preguntó a su madre acerca de esa posibilidad. Se sentía culpable por ello, ya que ninguno de sus hermanos iba a la escuela y el precio de la matrícula en la ciudad era mucho mayor que en los pueblos pequeños.

Finalmente, fue su madre la que un día le dio la noticia de que tenía que regresar a vivir con su familia materna, en Kathithyamaa. Tenía la esperanza de que su abuela pudiera volver a ocuparse de él. Charles lo dudaba mucho. Rhoda le dijo a Charles que si su abuela no lo recibía, aún existía la esperanza de que alguno de sus tíos se apiadara de él. Estos nunca le habían mostrado ningún apoyo, pero si veían que no había otra salida, quizá alguno de ellos le echase una mano.

Una vez más, Charles subió a bordo de un tren. Esta vez le llevó de regreso hasta el lugar donde todo había comenzado, a Kathithyamaa, de donde había salido dos años antes. Mientras el tren se alejaba resoplando de la estación de Nakuru, Charles puso sus esperanzas en que le condujera hacia una vida mejor, pero no acababa de creérselo. Hasta entonces las cosas no habían transcurrido muy bien en su vida, y no conseguía creer que pudieran mejorar pronto. *Qué —maravilloso sería —pensó— si hubiera al menos una persona, tan solo una, que quisiera de verdad quedarse conmigo.* Pensó en ello durante un largo rato, mientras el tren recorría el camino de vuelta hasta el pueblo de su madre.

En Kathithyamaa nadie esperaba su regreso. Charles recorrió solo el camino bien conocido hasta la casa de su abuela, pero antes de llegar allí se encontró con dos de sus tíos:

—¿Por qué has regresado? ¿Adónde vas? —le preguntaron.

—A ver a la abuela —respondió.

Sus tíos menearon con disgusto la cabeza, y dijeron:

—No puede ser, ella no quiere que vuelvas. Nosotros tampoco, no eres nuestra responsabilidad. Vete con tu tía Muthikwa. Ella no tiene hijos, puede que te reciba.

Charles giró la cabeza y fijó la vista en el camino que llevaba hacia la casa de su abuela. Pero sus tíos se le acercaron más, bloqueándole el camino. No servía de nada. Se dio la vuelta por donde había venido y fue hacia la casa de la tía Muthikwa, la hermana de su padre, que vivía cerca del pueblo. Charles le tenía miedo a su marido, Masyuko, pero su única opción era confiarse a la misericordia de su tía.

Cuando Charles llamó a su puerta Muthikwa salió a abrir y le recibió con una sonrisa:

—Bienvenido —dijo con auténtica calidez—. ¿Estás solo?

Charles asintió.

—Pasa y cuéntame cómo has llegado hasta aquí —dijo su tía.

Charles percibió por su tono de voz que el interés de su tía era genuino, y pronto ambos se sentaron a beber té caliente mientras él le contaba a Muthikwa lo ocurrido en Nakuru con su familia.

La tía Muthikwa asentía, interrumpiéndolo en ocasiones para hacerle alguna pregunta. Aunque era la hermana de su padre, ambos no podían ser más diferentes.

—Bien —dijo cuando Charles hubo terminado su relato—. Puedes quedarte aquí con nosotros. Te haremos un hueco en la casa y lo arreglaremos todo para que vuelvas al colegio.

Charles se quedó atónito. Una cama, alguien con quien hablar, y la posibilidad de regresar a la escuela. ¿Qué más podía pedir? Le parecía demasiado bueno para ser verdad, y lo era. Aquella noche el tío Masyuko regresó a casa borracho.

—¿Qué hace el chico de Daudi en mi casa? —preguntó irritado.

—No tenía adonde ir —escuchó responder a su tía.

Charles mantuvo los ojos cerrados y se hizo el dormido. Parecía la decisión más sensata.

—Es un desperdicio. Si ellos no lo quieren, yo tampoco. Se aprovechará de nosotros. ¡Deshazte de él ahora mismo!

La tía Muthikwa comenzó a sollozar.

—Pero el chico es de nuestra sangre, y no tiene a nadie más. Si nosotros no lo acogemos, ¿quién lo hará?

—No me importa. Ese no es nuestro problema. ¡Ese niño no es nadie! —dijo su tío tirando de la manta con la que Charles se cubría.

Entonces sintió cómo su tía le sacudía con cariño para que despertara.

—Vamos, Charles, tendrás que dormir fuera —dijo.

Se levantó y salió de la choza. Las estrellas cintilaban brillantes en el claro firmamento nocturno. Escuchó cómo se cerraba la puerta tras él y, al volverse, vio la silueta de su tía a su lado.

—Siento mucho lo sucedido, Charles. Mañana hablaré con Masyuko. Esta noche, ambos dormiremos bajo las estrellas.

Charles tragó saliva. Su tía se había puesto de su parte, desafiando a su marido. Era un comportamiento arriesgado y esperaba que no le costara a su tía una paliza.

Capítulo 4

Su propio camino

—Ya verás cómo mejoran las cosas —le dijo su tía Muthikwa a Charles una semana después de haber llegado. Le había pagado la tasa de ingreso en la escuela local, pero como había perdido tantas clases, Charles se encontró de nuevo en primer grado. Sin embargo, en lugar de desanimarse, se dispuso a hacer todo lo posible por llegar al nivel de sus compañeros, escuchando atentamente a su maestro y haciendo todo lo que le pidieran.

Solo duró un mes en el colegio. El maltrato que recibía en casa del tío Masyuko fue haciéndose peor cada día, y Charles temía que su tía Muthikwa acabara pagando las consecuencias de haberle dado cobijo. Aquello no podía continuar, así que en lugar de esperar a que lo echaran de casa, Charles decidió seguir su propio camino en la vida. Estaba cansado de que lo consideraran una carga, cansado de que sus propios parientes le hicieran sentir como un mendigo inútil. Seguiría su propio rumbo. Al fin y al cabo, era un chico fuerte de once años; lo suficientemente mayor para que alguien lo contratara como jornalero en una granja, o al menos eso esperaba él.

Despedirse de la tía Muthikwa no resultó tarea fácil. Aunque ella le rogó que se quedara, Charles sabía que no era posible. Sería mucho más fácil para todos si nunca volvía a molestar a su familia.

Al cabo de unos días, Charles encontró trabajo en una ciudad cercana. Le contrataron para cavar hoyos en una plantación de café y maíz. El trabajo era agotador, y apenas le pagaban unas moneditas al día, pero no le importaba. Era independiente y lograba bastante dinero como para pagarse la comida y un rincón donde dormir en la choza de otra persona. También apartó lo suficiente como para pagarse dos horas de clases nocturnas al finalizar cada jornada de trabajo.

Al cabo de un tiempo, la vida de Charles entró en una determinada rutina. A veces ahorraba suficiente dinero como para ir también al colegio durante el día, y poco a poco logró cursar los grados segundo, tercero y cuarto del colegio.

El 12 de diciembre de 1963, cuando tenía casi quince años, el maestro anunció en el colegio que debían recordar esa fecha, porque sería la más importante de sus vidas: el día de la independencia de Kenia, en el cual el control del país pasó en manos de un gobierno keniano y elegido por kenianos. Kenia había dejado de estar bajo el dominio de Gran Bretaña, que lo había ejercido desde el siglo XIX. Charles vio cómo los colores rojo, blanco y azul de la *Union Jack* (la bandera del Reino Unido) eran arriados del mástil de la escuela, y en su lugar se izaba con orgullo la nueva bandera negra, roja y verde de Kenia. El maestro les explicó que de los ocho millones y medio de personas que vivían en el país solo cincuenta y cinco mil eran blancas. Sin embargo, esas personas eran propietarias de casi todos los terrenos, negocios y granjas de la nación. El día de la independencia representaría un nuevo comienzo para Kenia. Los kenianos podrían ahora ocupar la posición que por derecho les correspondía y gobernar su propio país.

Charles puso su esperanza en que la independencia trajera cambios para mejorar su vida, pero a medida que pasaron las semanas dicha esperanza se desvaneció. Todos los días seguía teniendo que luchar por sobrevivir, para conseguir suficiente comida y para terminar las tareas escolares por la noche.

En lugar de paz y prosperidad, el período que siguió a la declaración de independencia trajo inestabilidad y problemas a las zonas rurales. El hecho de que el país pasara a ser gobernado por los kenianos hizo que la mayoría de los colonos de origen europeo abandonaran las llamadas Tierras Altas Blancas y la zona del Valle del Rift, en la región central de Kenia. Sus grandes plantaciones fueron divididas y entregadas a granjeros kenianos. Sin embargo, como el nuevo gobierno estaba formado mayoritariamente por personas de la tribu kikuyu, este entregó las mejores tierras a la gente de su propia etnia, en lugar de repartirla equitativamente entre las tribus kalenjin y masái, que también vivían en aquellas tierras antes de la llegada de los granjeros blancos. Dicho reparto injusto provocó enfrentamientos tribales y

revueltas. La redistribución de la tierra también supuso que en las zonas rurales pasó a haber menos
puestos de trabajo con los que ganarse un jornal.
Afortunadamente, Charles siguió siendo capaz de
encontrar trabajo en el campo.

En cuanto a su familia, de vez en cuando le llegaban a Charles retazos de información. Así supo que
los cambios en el país también les habían afectado.
Antes de la independencia su padre siempre había
logrado conseguir algún dinero aquí y allá, realizan-
do tareas agrícolas, pero las ofertas de trabajo habían disminuido bastante. La falta de empleo provocó
la intervención del nuevo gobierno, pero su política
consistió en reubicar a los más pobres, trasladándo-
los desde las ciudades a zonas rurales remotas, para
darles así la oportunidad de ganarse con dificultad
un sustento por medio del cultivo de nuevas tierras.
Charles supo que su familia había sido trasladada
desde Nakuru y reubicada en Ndalani, una zona situada a cien kilómetros al noreste de Nairobi.

Charles intentó ser optimista sobre sus propias
circunstancias. Se dijo a sí mismo que las cosas
mejorarían, que existían motivos para la esperanza.
Pero cuando cumplió dieciséis años había dejado de
lado cualquier expectativa de un cambio bueno. Se
hundió en una profunda depresión y se preguntó
qué sentido tenía esforzarse tanto solo para conser-
var la vida. Sus esperanzas de un futuro más favora-
ble habían sido destruidas por el trabajo monótono
y arduo de excavar y arrancar maleza, diez horas
al día, bajo el sol ardiente. También observó a su
alrededor con la esperanza de encontrar personas
que tuvieran una vida mejor que la suya, pero todo
lo que vio fueron hombres que volvían borrachos a

casa cada noche y que hacían miserable la vida de sus familias. ¿Qué sentido tenía seguir viviendo?

Charles solía preguntarse si alguien le echaría de menos si muriera, y con el tiempo comenzó a pensar seriamente en quitarse la vida. Pero un día, antes de que pudiera poner en práctica sus pensamientos, un chico que trabajaba con él en la plantación de café le invitó a una reunión. Charles aceptó y lo siguió hasta un gran salón ubicado en Kathithyamaa, justo al otro lado de la carretera principal. Mientras subía los escalones de acceso al lugar de reunión, pudo escuchar a gente cantando y dando palmas en el interior. Casi se dio la vuelta. Lo último que quería era ir a una fiesta, pero había algo en la música que le llamó la atención. Al fin se decidió a acompañar a su amigo al interior del recinto y juntos encontraron unos asientos en el centro de la sala, cerca de un pasillo.

No tardó en descubrir que había ido a parar a un encuentro de jóvenes patrocinado por la Iglesia de la Hermandad Africana. A su alrededor había una multitud de chicos y chicas de su edad, aproximadamente unos trescientos, dando palmas, riendo y cantando con entusiasmo, y Charles percibió un ambiente cálido y acogedor. Cuando se acabaron las canciones y las palmas, los jóvenes se sentaron en sus asientos. Un hombre de mediana edad que vestía una camisa con un atrevido patrón de tonos blancos y negros pasó al frente del escenario y comenzó a predicar a los reunidos. Su voz era tranquila y firme, y tan potente que a Charles le pareció que conseguía llenar cada esquina del salón de reuniones.

Aunque había recibido cierta educación religiosa en la escuela, era la primera vez que veía algo así. Sentía un poder y una paz que nunca antes había experimentado. Se puso a escuchar al predicador con atención y todo lo que escuchó le pareció bueno y verdadero. ¿Habría realmente un Espíritu Santo que le acompañaría a todas partes? ¿Sería Jesús su amigo para siempre? ¿De verdad Dios le amaba y tenía un plan para su vida? ¿Había un futuro y una esperanza para Charles? Algo dentro de él dijo: *¡Sí!* Estaba seguro de ello. De alguna manera, el predicador decía cosas que Charles sabía que eran verdad. De repente todo se le hizo nuevo. Alguien lo amaba; alguien estaría siempre con él; alguien lo guiaría y le daría un futuro. ¿Acaso podía haber algo mejor?

Cuando el predicador pidió que levantaran la mano los que quisieran recibir a Jesucristo en su corazón, Charles la alzó de inmediato. Entonces les dijo que pasaran al frente y él fue el primero en abandonar su asiento. Se sentía diferente, muy diferente. Todo parecía más luminoso, más brillante, más real que antes. Una vez en el escenario, el predicador pidió a Charles y a los demás que repitiesen con él una oración:

—Dios, te necesito en mi vida. Te invito a tomar el control de mi vida. Te ruego que perdones mis pecados y me ayudes a perdonar a los que han pecado contra mí. Tómame y conviérteme en tu hijo. Amén.

Eso fue todo lo que necesitó. Aquella noche Charles dejó el local de reuniones lleno de gozo. Al pasar junto al lugar donde había planeado quitarse la vida, sintió como brotaba de su interior un fuerte sentimiento de gratitud.

—Gracias, Dios —dijo en voz alta—. Me has salvado de cometer suicidio. A partir de hoy viviré para ti.

Antes de irse a la cama, se arrodilló para orar. No estaba seguro de qué decir, pero una frase le venía una y otra vez a la mente. Era algo que el predicador había dicho: «Te ruego que perdones mis pecados y me ayudes a perdonar a los que han pecado contra mí». Al cerrar los ojos pensó en su padre, en su inútil y maltratador padre, ese hombre al que temía, que había pegado a su madre más veces de las que podía recordar y que lo había abandonado con seis años. Si alguien había pecado contra él ese era su padre. ¿Tenía que perdonar a alguien tan monstruoso? Llevaba ya mucho tiempo sintiendo un profundo odio hacia su progenitor. ¿Podría ese sentimiento cambiar? Abrió su boca para orar, pero no le salían las palabras. *Tengo que orar por mis padres*, se dijo a sí mismo. *Si Dios me ha perdonado, yo también debo perdonar a los demás.*

Durante los siguientes minutos, lentamente, dolorosamente, las palabras comenzaron a brotar. Charles pidió a Dios que le ayudara a perdonar a sus padres y a bendecirlos. A medida que oraba, se iba sintiendo cada vez más increíblemente liberado por dentro. El odio que lo había mantenido férreamente esclavizado fue desapareciendo.

Al domingo siguiente, Charles volvió al local para asistir a otra reunión. Esta vez le presentaron al pastor de la Iglesia de la Hermandad Africana y a varios miembros del grupo de jóvenes. Todos le dieron una cálida bienvenida. Por primera vez desde que dejara a su tía, Charles sintió que alguien quería realmente estar con él, que alguien se preocupaba verdaderamente por él.

En poco tiempo, Charles se convirtió en un miembro activo de la iglesia. Le gustaba asistir a estudios de la Biblia y se matriculó en un curso bíblico por correspondencia que organizaba una sociedad británica, y con el que te regalaban una Biblia. No podía haberse sentido más feliz. Al llegar la noche se ponía a estudiar y escribía versículos de la Biblia en trocitos de papel para metérselos en el bolsillo, de forma que pudiera memorizarlos mientras trabajaba en los campos de cultivo. También siguió yendo al colegio siempre que le era posible. En 1966, con diecisiete años de edad, logró terminar el octavo curso y ser el mejor alumno de su clase.

En ese momento su vida llegó a una encrucijada. Tenía dos opciones: ir al colegio o dejar de estudiar y dedicar todo su tiempo a ganar dinero, a fin de garantizarse la supervivencia y, quizá, ahorrar un poco. Finalmente, Charles sintió que Dios tenía grandes planes para él, y que debía ir al colegio y a la universidad. Sin embargo, no sabía cómo iba a proveerle Dios el dinero necesario para hacerlo. Las tasas del colegio eran más altas que las de la universidad y sabía que con su trabajo jamás tendría suficiente dinero como para asistir a clase. Todas las noches oraba para que Dios le abriera una puerta que le permitiese estudiar la secundaria. Pidió ayuda a todo el mundo, y aunque a algunos de sus tíos no les iba mal en sus pequeños negocios, todos le dieron la misma respuesta: «No eres responsabilidad nuestra. Tenemos que cuidar de nuestras propias familias. Ve y pídele ayuda a otro».

A medida que se aproximaba el inicio del nuevo año escolar, Charles oró aún con más insistencia. Se preguntaba si no podría patrocinarlo alguien de la iglesia o si alguno de sus tíos cambiaría de opinión. Pero no sucedió nada de eso. Empezaron las clases y pudo ver como sus antiguos compañeros se dirigían cada mañana al colegio secundario con sus uniformes nuevos, de color marrón y verde. Por muy duro que fuese, Charles tuvo que admitir que su sueño de ir al colegio solo era eso, un sueño. La realidad era que él tendría que seguir trabajando en los campos, mientras que sus amigos estudiarían secundaria y luego seguirían su formación. Comprendió que un día, al cabo de cinco o diez años, podría perfectamente llegar a suceder que sus supervisores fueran sus antiguos compañeros, y que estos le dieran órdenes y administraran con puño de hierro su escaso salario. Aquella perspectiva lo hirió en su interior.

—¿Dónde estás, Dios? —imploraba Charles—. Pensé que te preocupabas por mí y que querías que mi vida mejorara, pero no me has provisto del dinero necesario para seguir estudiando.

Así se lamentó todas las noches durante dos semanas y, como no sirvió de nada, procuró olvidar su sueño de obtener una buena educación.

Como ya no tenía que pagar las tasas escolares, a Charles le sobraba un poquito de dinero todos los meses. Lo ahorró y, con el tiempo, tuvo lo suficiente como para mejorar su vestuario. Primero se compró un par de zapatos, y a continuación una camisa y unos pantalones nuevos.

Mientras trabajaba en los campos, Charles comenzó a pensar en la posibilidad de marcharse de Kathithyamaa y sus alrededores. Al contemplar la situación en aquel lugar, no veía que allí hubiera ninguna oportunidad para él. Algún día quería tener esposa e hijos, ¿pero cómo podría cuidar de ellos adecuadamente con el salario que ganaba? Debía encontrar algo diferente, algo mejor.

A finales de enero de 1967, Charles partió hacia Ndalani, el lugar donde su familia se encontraba
por entonces. Desde su conversión a Cristo había
orado por sus padres todas las noches y deseaba
volver a verlos. Al partir llevó con él una bolsa de
tela en la que metió su Biblia, las notas de un curso
bíblico por correspondencia y algo de azúcar para
su madre.

Caminó todo el día y cuando llegó a Ndalani el sol
ya se estaba poniendo. Aquel lugar le causó una impresión más deprimente de lo que había imaginado.
Se trataba de un páramo yermo,[1] cubierto por todas
partes por una capa del polvo rojizo. Había pocas
huertas y poquísimos árboles. Las chozas estaban
hechas de barro y a sus puertas rondaban niños
macilentos vestidos con harapos. *¿Cómo puede creer
el gobierno que las personas más pobres de las ciudades podrán ganarse la vida en un sitio como este?,*
pensó Charles.

Tras preguntar por ahí descubrió dónde estaba
la choza de sus padres. Tenía el mismo aspecto deprimente que el resto. Su hermano Dickson estaba sentado a la puerta. Al principio no reconoció a
Charles, pero instantes después se fundieron en un
abrazo. La madre de Charles salió de la choza y exclamó sorprendida:

—¡Has vuelto! Qué buen aspecto tienes.

Charles sonrió. Sus ropas nuevas contrastaban
fuertemente con el vestido desgastado de su madre,
que además parecía mucho más mayor y cansada,
agotada. Rhoda lloró mientras abrazaba a su hijo. A
él se le hizo extraño verla, ya que por primera vez era
más alto que ella. Sus hermanos también habían

---

1   Páramo yermo: terreno raso desabrigado, deshabitado

crecido y supo que su madre había dado a luz a otros dos niños.

Al entrar en la choza recibió una fuerte impresión. No tenían nada. Allí no había comida, ni camas, ni mesa, ni lámpara de queroseno, ni libros escolares. Charles tuvo que luchar contra la ola de indignación que le subió contra su padre por no trabajar para proveer para las necesidades básicas de su familia.

Cuando este regresó a casa Charles se preguntó cómo sería su reencuentro. Daudi no sonrió ni lo saludó. De hecho, Charles se preguntó si habría notado que su hijo mayor estaba en casa.

Como en la choza de la familia no había espacio para él, se dispuso a construir una pequeña choza de ladrillos de barro junto al lugar donde vivía su familia. No tenía ni idea de cuánto tiempo se quedaría en Ndalani. La tradición dictaba que el hijo mayor tenía el deber de ayudar económicamente a sus padres, y él estaba decidido a ser un buen hijo.

Dos meses después estaba profundamente desanimado. No lograba encontrar un trabajo en el que le pagaran lo suficiente como para ayudar a su familia. Estaban en abril, en mitad de la estación lluviosa, y Charles fue a ver cuánto dinero le quedaba en la bolsa. Solo tenía seis peniques. A no ser que la situación cambiara, se transformaría en una carga para su familia y no en la ayuda que pretendía ser. Pronto comprendió que tenía que irse de allí y buscar trabajo en otra parte, para enviar a su familia la ayuda que necesitaban.

Charles empaquetó sus escasas pertenencias y se despidió de ellos. Había decidido irse a Nairobi, a cien kilómetros de distancia, con la esperanza de encontrar un trabajo decente. *Al fin y al cabo*, se dijo a sí mismo, *puedo leer y escribir, y eso debería servirme para algo más que para trabajar en el campo.*

Capítulo 5

Oportunidad

Charles partió caminando hacia la capital de Kenia. Calculó que tardaría unos tres días en llegar y confiaba en no demorarse más, pues viajaba sin comida. A lo largo del camino fue cantando himnos y leyendo algunos salmos que le levantaran el espíritu. Cuando tenía sed, bebía agua de las zanjas de drenaje que había a los lados de la carretera y, ocasionalmente, algún comerciante sentía lástima de él y le daba un caramelo.

Cuando llegó a los suburbios marginales que rodeaban la zona este de Nairobi, empezó a darse cuenta de su verdadera situación. No conocía ni a una sola persona en aquella ciudad y solo era un chico pobre que provenía de una zona rural. Además, a medida que atravesaba ese barrio pobre, comenzó a sentirse deprimido: todo lo que le rodeaba era igual de sórdido que los poblados donde malvivía la gente pobre del campo. Vio a mujeres acuclilladas cocinando su paupérrima comida en torno a pequeños fuegos, mientras los niños correteaban a su alrededor vestidos con harapos. El hedor que procedía de toda aquella masa humana que vivía sin servicios sanitarios le hizo sentir arcadas. ¿Habría ido toda aquella gente a Nairobi, al igual que él, en busca de una vida mejor? Charles se detuvo un momento y oró pidiéndole a Dios que le guiara. No tenía la menor idea de hacía dónde dirigirse en aquella inmensa ciudad que se desparramaba en todas direcciones.

Cuando llegó al suburbio de Kileleshwa, a cuatro kilómetros (dos millas y media) del centro de Nairobi, el sol se encontraba ya alto en el horizonte. Se quedó asombrado de lo abruptamente que había cambiado todo respecto a la zona que acababa de atravesar. Ahora, a ambos lados de calles bien barridas, crecían hileras de árboles que proyectaban su sombra sobre amplias viviendas de una planta o un piso, rodeadas de praderas de césped bien cortado y bonitos parterres[1] con flores, y protegidas por altas verjas y puertas de hierro forjado. A medida que recorría lentamente aquellas calles, Charles procuraba ignorar las punzadas de su estómago, producto de una combinación de hambre y nervios.

Al fin, Charles se detuvo frente de una gran casa de color blanco y se asomó a través de las barras de metal de la puerta para contemplar la belleza del edificio. En un patio adyacente a la casa, vio a una anciana que descolgaba ropa de un tendedero y la doblaba, y a un hombre de mediana edad que pelaba cebollas sobre un cuenco. Charles respiró hondo, había llegado el momento de pasar a la acción y ver qué ocurría. Tomó una piedra del camino y la utilizó

---

1   Parterre: Jardín o parte de él con césped, flores y anchos paseos.

para llamar a la puerta. Un sonido metálico rever-
beró por el patio y el hombre que pelaba cebollas levantó la vista. Charles sonrió a través de las barras
y el hombre se acercó a la puerta.

—Hola —dijo.

—Hola —respondió Charles—. ¿Está el dueño de
la casa?

—¿Por qué? —preguntó el criado—. ¿Lo conoces?
Charles sonrió otra vez.

—No, pero estoy buscando trabajo. ¿Podría hablar con él?

El criado lo miró de arriba abajo durante lo que
pareció una eternidad. Después asintió y se dio la
vuelta. Charles lo vio caminar hasta la casa y entrar
a través de una puerta lateral. Pasaron un minuto,
después dos, a continuación cinco, y comenzó a preguntarse si el criado había ido realmente a buscar al
propietario. Por si acaso, esperó y oró.

Por fin salió de la casa una mujer que vestía una
camisa y una falda hermosamente bordadas. Charles se dio cuenta de que procedía de la India.

—Hola joven —dijo regalando a Charles una sonrisa radiante—, ¿qué puedo hacer por ti?

—Necesito trabajo —respondió él.

—¿Qué puedes hacer? —preguntó.

—Todo lo que usted quiera.

—¿Cuántos años tienes?

—Dieciocho.

—¿Puedes segar el césped y quitar las malas
hierbas del jardín?

—Por supuesto —respondió, aunque no estaba
seguro de si sabría distinguir las flores de las malas hierbas, pues hasta entonces solo había cuidado
huertos.

—¿Y lavar ropa?

—Sin duda —contestó cada vez más esperanzado, pues era muy raro que la mujer le hiciera preguntas tan detalladas si no tenía intención de contratarlo.

—Sí, creo que lo harás muy bien —dijo la mujer abriendo la puerta de la verja de par en par—. Bienvenido a nuestro hogar. Me llamo señora D'Souza, y vivo aquí con mi marido y mis dos hijos, Colin y Eric.

Charles atravesó la verja e ingresó en un mundo nuevo para él.

—Te alojarás y comerás en las habitaciones de los criados. Te pagaré un dólar estadounidense al mes. ¿Qué te parece?

Charles casi ni se atrevía a responder. ¿Que qué le parecía? ¡Le parecía música celestial! Una casa donde vivir, comida diaria y además doce dólares al año.

Charles fue adaptándose a su nueva vida en Nairobi y con frecuencia agradecía a Dios por lo perfectamente que se ajustaba su trabajo a sus necesidades. Pronto descubrió que los señores D'Souza eran de Goa[2], en la India, y que eran católicos devotos. Comprendían el deseo de Charles de asistir a la iglesia y se aseguraban de que los domingos tuviera tiempo libre para hacerlo. Es más, ambos se tomaron la molestia de hablar con él y conocer algo mejor sus circunstancias.

El trabajo en la casa era duro, pues tenía que segar hectárea y media (tres acres) de jardín con una segadera de mano, y tampoco le resultaba fácil colgar la ropa de cama mojada sobre el alto tendal, pero a Charles no le importaba. De hecho, en comparación con su vida anterior se sentía bastante libre de preocupaciones.

---

2   Territorio de la India colonizado por Portugal.

Al terminar el primer mes, la señora D'Souza le pagó su sueldo de un dólar. Charles envió la mayor parte a su familia en Ndalani, a través de la oficina de correos, y lo poco que se guardó para sí mismo lo puso en una lata que escondió bajo su cama. Poco a poco ahorró lo suficiente como para hacer la gran compra de toda su vida: una radio. Resultaba maravilloso poder sentarse en un taburete en la parte trasera de la zona destinada al servicio y escuchar la BBC. Gracias a la radio supo que había un grupo de músicos ingleses, que se hacían llamar los Beatles, que estaban revolucionando el mundo con un tipo ruidoso y diferente de música. También se enteró de que un inglés, llamado Francis Chichester, había regresado al puerto de Plymouth, en Inglaterra, tras haber circunnavegado en solitario. Charles nunca había visto el océano, aunque había leído acerca de él en los libros de geografía, e intentó imaginar cómo sería poder navegar completamente solo alrededor del mundo. Otra noticia fue la de la nave espacial estadounidense *Surveyor 3*, que había aterrizado en la luna y logrado enviar a la tierra fotografías e imágenes de televisión. ¿La luna? Charles apenas podía creerlo. La radio se transformó en una ventana a un mundo más amplio, un mundo del cual quería formar parte.

Parecía como si más o menos cada semana la señora D'Souza diera a Charles una nueva responsabilidad. Primero le permitieron entrar en la casa para quitar el polvo a las estanterías, luego le enviaron al mercado a comprar provisiones. Charles trabajaba duro y, aunque se sentía agradecido de tener la oportunidad de trabajar como criado doméstico, no dejó de pensar en cómo mejorar su vida. Se esforzó en seguir distintos cursos por correspondencia de asuntos que le interesaban y se quedaba fascinado cada vez que escuchaba por casualidad al señor D'Souza conversar de negocios con sus colegas. Cirion D'Souza era un hombre rico, eso era evidente, pero lo que él quería saber es cómo había logrado enriquecerse. ¿Sería posible empezar sin nada y convertirse en alguien rico e importante? Charles estaba convencido de que la respuesta era sí, siempre que uno confiara en Dios y trabajase duro.

Tras cuatro meses de trabajo en la casa, una tarde la señora D'Souza se sentó junto a él y le dijo:

—Eres un joven muy trabajador. ¿Qué quieres hacer con tu vida?

Charles no salía de su asombro. Anteriormente había intentado contarle a otras personas, por ejemplo a sus tíos, lo que quería hacer, pero a nadie le había importado nada ni se había molestado en escucharle. Sin embargo, su patrona sí quería saberlo. Contestó trastabillándose, temeroso de que su respuesta pudiera resultar escandalosa a oídos de una mujer rica.

—Quiero estudiar e ir a la universidad —dijo.

—¿A la universidad? ¿Por qué a la universidad? —preguntó ella.

—Porque así tendré oportunidades y podré asegurarme un futuro mejor.

—Entiendo —dijo la señora D'Souza—. Has estudiado hasta octavo, ¿verdad?

—Sí —respondió Charles.

—Entonces todavía te quedan cuatro años de estudio a tiempo completo en el colegio y otros tres o cuatro años en la universidad. Tienes dieciocho años, lo que significa que tendrías por lo menos veintiséis cuando terminaras, si todo sale bien. ¿Tan importante es para ti?

—Sí —respondió Charles—. Me gustaría tener un trabajo importante y suficiente dinero como para casarme y mantener a mi familia.

—¿Y si hubiera otra vía para lograrlo? —preguntó la señora D'Souza.

—¿Cómo es eso? —preguntó él—. Cualquier trabajo bueno exige títulos académicos, y yo no tengo ninguno.

—¿Y no se te ha ocurrido pensar que pueda haber otras formas de acceder a un buen trabajo?

Charles se sentó en silencio. No quería parecer maleducado, pero no tenía ni la más remota idea de a qué se refería.

—Existen buenos trabajos que no requieren ir a la universidad —prosiguió la señora D'Souza—. Deberías pensar en ello. Tienes un gran futuro por delante; sigue confiando en Dios.

Aquella noche, Charles pensó en su conversación con la patrona. ¿Se habría centrado tanto en su educación que habría olvidado que existían otras formas de salir adelante en la vida? Y si existían, ¿cuáles eran?

Un mes más tarde el señor D'Souza le pidió a Charles que se sentara con él un rato a charlar en el patio trasero. Sonreía tanto que pensó que iba a anunciarle que le daba un aumento de sueldo; aquel día prometía mucho.

—¿Te gustaría tener un nuevo trabajo? —preguntó el señor D'Souza.

Charles frunció el ceño. *¿Habrá dejado su empleo alguno de los antiguos criados?*, pensó.

—Como sabes, trabajo para Kakuzi Fibreland Ltd. —siguió diciendo su patrón— y necesitamos un nuevo capataz. Normalmente contratamos a alguien que haya finalizado la secundaria, pero mi esposa dice que nadie trabaja mejor que tú y que eres muy listo. La empresa podría hacer una excepción contigo. El puesto de trabajo está en Makuyu, a unos sesenta kilómetros de aquí.

Charles necesitaba que alguien le pellizcara. ¿Estaba soñando o era realidad? ¿Habían acabado sus días como criado? ¿Capataz? Por supuesto que podía hacerlo.

—Gracias —le dijo—. Prometo no decepcionarlo. Esta es la oportunidad que estaba buscando.

Una semana después, el lunes 15 de septiembre de 1967, comenzó en su nuevo trabajo. Su vida no tardó en dar un giro muy satisfactorio. Por las mañanas se dirigía a los campos, a pasar lista a los trabajadores y a asegurarse de que todo el mundo formaba un buen equipo de trabajo. Al poco tiempo había memorizado los nombres de los mil doscientos empleados bajo su mando. Después se interesó por las necesidades de ellos y de sus familias, para así poder ofrecerles consejo y ayuda.

Por las tardes, Charles volvía a su oficina y se encargaba del papeleo. Le habían dado una pequeña oficina con una mesa y una máquina de escribir, e inmediatamente aprendió por sí mismo cómo escribir a máquina. Al terminar sus tareas, siempre se ponía a ayudar a los demás empleados de la oficina. Gracias a ello, no tardó en dominar todos los trabajos administrativos de la compañía, lo que allanó su camino para que lo ascendieran. Para mejorar sus posibilidades de ascenso hizo un curso de contabilidad por correspondencia y se empeñó en ser el primero en llegar por las mañanas y el último en marcharse. Aquella actitud le convirtió en un capataz muy popular y pronto los trabajadores comenzaron a invitarlo a comer en sus chozas. Charles aprovechó la oportunidad que esto le daba para hablarles de la Biblia y contarles cómo había cambiado su vida después de conocer a Dios.

Una mañana de marzo de 1968, tras seis meses de trabajo para Kakuzi Fibreland S.L., Charles caminaba a lo largo de un sendero que recorría una plantación de piñas, saludando a los trabajadores y pasando lista a sus nombres, cuando le sorprendió encontrar haciendo labores de recolección a una joven que nunca había visto antes. Era alta y delgada, sus movimientos eran gráciles y con una mano sostenía el tallo de la piña, mientras con la otra cortaba de un tajo la parte inferior. Al darse cuenta de que tenía que preguntarle cómo se llamaba, para apuntar su nombre en la nómina, Charles sintió que se le aceleraba el pulso. Por alguna razón, se llenó de timidez.

—Hola —dijo.

La joven levantó la vista y respondió, secándose el sudor del rostro y sonriendo.

—Hola.

Charles le devolvió la sonrisa.

—No recuerdo haberte visto antes. ¿Eres nueva? —preguntó.

—Sí —respondió ella—. Me llamo Esther Ntheny. Trabajo sustituyendo a mi madre. Ella se llama Grace Kavuli y hoy está demasiado enferma como para venir a trabajar.

—De acuerdo —dijo Chales localizando el nombre de su madre—. Espero que se mejore pronto.

Charles deseó en secreto que su madre permaneciese alejada de los campos durante algún tiempo, al menos lo suficiente como para poder conocer mejor a Esther. Había en ella algo diferente a cualquier otra mujer que hubiera conocido.

Cuando la madre de Esther regresó al trabajo, la compañía decidió contratar también a su hija, y durante muchos días Charles encontró alguna excusa para hacer una pausa y hablar con Esther mientras ella trabajaba. Se enteró de que tenía quince años, un hermano, y de que solo había ido dos años al colegio. Cuando sus padres se divorciaron tuvo que dejar de ir a clase, pues su madre necesitaba que trabajara para conseguir el dinero imprescindible para vivir.

Aquello le resultó interesante, pero no tardó en enterarse de algo sobre ella que le impresionó aun más: Esther era cristiana. Su madre y su abuela pertenecían al Ejército de Salvación, y su abuela había enseñado en la escuela para ciegos que dirigía la iglesia. Nada pudo hacer más feliz a Charles que enterarse de ello. Esther y él pronto empezaron a charlar también de temas espirituales. Su amistad floreció con rapidez, y Charles descubrió un día que el mejor momento de su jornada era el de hablar con ella. Pasado un tiempo, sintió que tenía la suficiente confianza como para contarle que su familia lo había abandonado varias veces, y para compartir con ella su sueño de llegar a ser una persona importante, propietaria de un gran negocio. También Esther soñaba con llegar a ser alguien y al cabo de poco tiempo encontró un trabajo como doncella para un coronel del ejército que vivía en Nairobi.

Charles se alegró por ella, pero sabía que echaría de menos las conversaciones con Esther. En realidad, no supo cuánto la echaría de menos hasta que se hubo ido. Se había transformado en la mejor amiga que había tenido jamás y deseaba mucho verla de nuevo, así que le escribió una carta invitándola a visitarlo. Se quedó encantado al verla aparecer ante su puerta un día en el que Esther tenía libre, y ambos aprovecharon para dar un paseo juntos. Aunque ninguno de ellos dijo nada, Charles era consciente de que habían entrado en una nueva etapa de su relación. Ya no tenían contacto porque coincidieran en el trabajo, sino que habían buscado a propósito verse. Las cosas se estaban poniendo serias.

Durante el año y medio siguiente, Esther y él se las arreglaron para coincidir aproximadamente una vez al mes. Mientras tanto, Charles terminó su curso de contabilidad y comenzó un nuevo curso de administración de empresas.

De ser amigos pasaron a cortejarse, y un día Charles pidió a Esther que se casara con él, y ella aceptó su petición. Por supuesto, él era consciente de que con el sueldo que cobraba en Kakuzi Fibreland le resultaría imposible mantener a su esposa al tiempo que sostenía financieramente a sus padres y a ocho hermanos. Por si su familia no fuera suficiente carga, su madre esperaba a otro niño. Así que Charles comenzó a buscar otro empleo en el que poder aplicar sus nuevos conocimientos de contabilidad y negocios. Presentó solicitudes para todos los puestos que pensó que podía desempeñar y, al cabo de un tiempo, consiguió empleo en una compañía austriaca llamada Strabag. Dicha compañía había ganado un contrato para construir nuevas carreteras en la zona situada entre el lago Victoria y la frontera con Uganda. El trabajo de Charles consistiría en llevar la cuenta de los materiales de construcción que empleaba la empresa. En su nuevo puesto cobraría el doble de lo que ganaba en Kakuzi Fibreland. Su nuevo empleo solo tenía un defecto: tendría que mudarse a Eldoret, a más de trescientos kilómetros al noroeste de Makuyu.

En otro momento ni siquiera habría considerado la posibilidad de irse a vivir tan lejos, pero ahora que se había comprometido en matrimonio la cosa era diferente. Entre los miembros de la tribu Kamba, la tradición dictaba que la nueva esposa viviera con sus suegros los primeros años de casada. Ndalani, donde vivían por entonces los padres de Charles, distaba más de trescientos kilómetros de Eldoret. Sin embargo, tras discutir con Esther las distintas posibilidades, Charles decidió aceptar el trabajo.

El 22 de diciembre de 1970, Charles y Esther se casaron en la casa de la abuela de Esther. Fue una sencilla boda cristiana, y Charles envió dinero a sus parientes para que pudieran pagarse el autobús y asistir a la ceremonia. Él tenía veintidós años y Esther diecisiete. Entregó como dote a su suegra varias cabras y vacas, y también le enseñó cómo utilizarlas para conseguir ingresos para ella y el hermano menor de Esther.

Tras la boda, Esther se fue a Ndalani a vivir con los padres de Charles, mientras él comenzaba a trabajar en su nuevo puesto en la compañía Strabag, en Eldoret. Con el dinero que ahorró, Charles se compró un Ford Cortina, y una vez al mes iba a visitar a Esther y su familia. A parte de eso, los recién casados tenían que conformarse con usar el correo, pues ni sus padres ni los vecinos tenían teléfono.

En Ndalani, Charles había construido para Esther una choza sencilla de barro junto a la vivienda de sus parientes. Pero su esposa no estaba sola en su nueva casa. Tras la boda, los padres de Charles entregaron a los novios en adopción a su hija menor, una niña de un año llamada Miriam. Rhoda les explicó que ella no tenía suerte con las niñas y que los dioses debían de estar enfadados con ella, porque sus tres hijas anteriores habían fallecido. Katumbi, la hermana de Charles, había muerto de malaria, y unas niñas mellizas habían fallecido poco después de nacer. Rhoda les dijo que al entregarles a Miriam esperaba que ella pudiera salvarse de correr la misma suerte.

Charles y Esther acogieron a la niña de buena gana y no tardaron en pensar en ella como en su propia hija. Esther le contó a Charles que todos los días, mientras les lavaba sus harapos y les hacía la comida, oraba por Miriam y por sus hermanos políticos. Los domingos los llevaba a todos a la escuela dominical y al culto, y pronto empezaron a llamarla «mamá».

Mientras tanto, tal y como siempre había hecho, Charles comenzó a buscar la oportunidad de aprender más y de mejorar su situación en Strabag. Trabajaba dieciocho horas al día, siete días a la semana, y gracias a ello ganó un montón de dinero en concepto de horas extra, algo que le era muy necesario, pues se había comprometido a dar a sus padres el sesenta por ciento de sus ingresos para que pudieran cuidar de sí mismos, de sus ocho hermanos, y de Esther y Miriam. No tardó en ser ascendido a director de aprovisionamiento y se le encargó la tarea de garantizar que todos los equipos pesados de construcción de carreteras tuvieran el combustible necesario para funcionar.

Durante sus visitas a Ndalani, Charles siempre dedicaba algún tiempo a orar con Esther en cuanto a su situación familiar. Un día recibió emocionado la noticia de que su esposa estaba embarazada y ambos se pusieron a esperar con alegría el nacimiento de su bebé, el hermanito de Miriam. Charles se sentía también orgulloso de la firmeza de la fe cristiana de Esther. Su esposa le contó que la madre de Charles le había llevado un trapo rojo que le había dado un hechicero. Rhoda le contó que si quería parir bebés sanos tenía que dormir encima de él, pero ella había rechazado hacerlo. Le dijo a Rhoda que los hechiceros no tenían ningún poder sobre una persona que pertenecía a Jesús.

Tras cada visita, a Charles se le hacía duro separarse de Esther y de Miriam, especialmente tras recibir la noticia del embarazo de su esposa. No obstante, era consciente de que eso era lo que se esperaba de él, y estaba decidido a honrar a sus padres y cumplir su papel como hijo mayor. No tenía ni idea de lo difícil que esa tarea llegaría a ser.

Capítulo 6

Poder de vida o de muerte

—He intentado dar lo mejor de mí misma, pero ya no puedo más —dijo Esther sollozando mientras acunaba a Jane en sus brazos.

Ella y Charles estaban sentados junto a la ribera de un río, no muy lejos de la choza de los padres de él.

—Se trata de tu padre. Tú le envías dinero, pero él se lo gasta en bebida y tabaco. No ha pagado la matrícula escolar de los niños y no tenemos comida suficiente. Pega a tu madre, y también a tus hermanos. Es la primera vez en mi vida que vivo con miedo. ¿Qué pasará si decide volcar su ira en Miriam, o en Jane? ¿Acaso tenemos que quedarnos aquí y soportar también que nos pegue?

Charles contempló a su esposa y su nueva hijita. Se sintió muy apenado. Había puesto su esperanza en que la atención a las necesidades económicas de su familia y la presencia de su esposa viviendo entre ellos produjera un cambio en su padre, pero no había sido así. Seguía siendo el mismo, excepto que ahora Esther, Miriam y Jane se encontraban también atrapadas en su espiral de violencia y abusos. Aquello no podía seguir así. Fuera o no la tradición, su esposa y sus hijas se merecían algo mejor.

—Hablaré con él —dijo Charles.

Lo que siguió fue una de las conversaciones más difíciles de su vida. A sus veintitrés años, Charles era un empleado exitoso, tenía esposa y dos hijas, y era el propietario de un auto. En cambio, su padre no conseguía encontrar trabajo, no se responsabilizaba de sus propios hijos y pasaba más tiempo borracho que sobrio. Era una persona violenta y maltratadora, pero seguía siendo su padre. Resultaba casi impensable que un hijo le dijera a su padre lo que debía hacer, pero Charles había llegado al colmo de su paciencia. Las cosas habían cambiado para siempre.

Habló con su padre como si él tuviera la autoridad y su progenitor fuera un niño malcriado.

—Me llevo de aquí a Esther, a Miriam y a Jane —dijo—. Contigo no están seguras. A partir de ahora solo te enviaré un diez por ciento de mi salario, y más vale que te lo gastes en los niños. Y una cosa más: si vuelvo a escuchar que has pegado a mamá, yo mismo te llevaré ante el clan para que te juzguen.

Aquellas últimas palabras quedaron flotando en el aire como un nube que amenazaba tormenta. Charles sabía que una declaración como esa no tenía vuelta atrás. En Kenia, cada clan tenía su propio sistema de justicia. No era ningún secreto que

Daudi Mulli era un hombre violento. Si él le acusaba ante los ancianos del clan, estos podían condenarlo a ser azotado hasta la muerte. Charles se quedó mirando a su padre mientras este asimilaba sus palabras. Abrió varias veces la boca como para replicar, pero volvió a cerrarla enseguida.

—No hay nada más que decir —dijo Charles mientras se ponía en pie—. Ya sabes lo que tienes que hacer y ya sabes las consecuencias si no lo haces.

Charles trasladó a Esther y a las dos niñas a una pequeña casa en Eldoret, donde estarían seguras. Le encantaba tenerlas junto a él y ver como ambas niñas crecían y se desarrollaban.

También tuvieron lugar otros cambios. A principios de 1973, Strabag le ofreció a Charles un gran aumento de sueldo, pero la oferta tenía una pega: implicaba que todos tendrían que mudarse a Yemen, en el Cercano Oriente, pues su trabajo consistiría en ayudar a supervisar un gran proyecto de construcción allí. Mientras meditaba qué hacer, Charles sintió que su corazón le empujaba en una dirección diferente. *Quizá haya llegado el momento de dar un paso radical*, se dijo a sí mismo. *¿Y si, en lugar de irnos a Yemen, nos quedamos en Eldoret y monto mi propia empresa?*

Cuanto más pensaba en ello, más le gustaba la idea. Le vinieron a la mente varias posibilidades, pero Charles se decidió por iniciar un negocio de «matatu». Los matatu eran camionetas-taxi compartidas que seguían una ruta preestablecida. Muchos de los trabajadores de Strabag vivían en pequeños asentamientos situados a unos ocho kilómetros de la ciudad y cada día tenían que utilizar un matatu para ir a trabajar. A veces llegaban tarde, porque los matatu estaban saturados o no aparecían a la hora correcta.

Charles se imaginó a sí mismo dirigiendo algún día una gran compañía de transportes, no solo formada por matatus, sino también por una flota de autobuses. Pero tenía que empezar por algún sitio. Sería el conductor y vendería el automóvil de la familia para comprar una camioneta que poder transformar en matatu, añadiendo asientos a la caja del camión y cubriéndola con una lona. Poco a poco iría comprando más vehículos y contratando más conductores. Incluso tenía un nombre para su empresa: Corporación Mullyway. Decidió escribir su apellido con y griega, en lugar de con i latina, para separar su negocio de su familia.

Charles estaba deseando empezar, pero cuando le comentó a Esther que pretendía dejar su trabajo para lanzarse a ese nuevo emprendimiento ella no compartió su entusiasmo. En realidad, apenas podía creerlo.

—¡¿Que vas a qué?! —exclamó ella— ¡¿Vas a dejar un trabajo estupendo en una compañía extranjera para conducir un matatu?!

—No se trata de un solo matatu —respondió Charles—. Dios me ha bendecido, nos ha bendecido muchísimo. Mira todo lo que tenemos. Quiero que lleguemos a lo más alto de la sociedad. Trabajaré duro. No hay límite para lo lejos que podemos llegar. ¡Las posibilidades son infinitas!

En el rostro de Esther se dibujó una mueca de disgusto. Charles se dio cuenta de que ella no compartía su pasión.

—Piensa en ello. Sin todo el tiempo que dedico a hacer horas extra en Strabag podré ir los domingos contigo y los niños a la iglesia, y tendré tiempo para implicarme más en todo.

—Sí, sin duda eso es cierto —afirmó ella con frialdad.

A pesar de la falta de entusiasmo por parte de su esposa, Charles persiguió su sueño. Dejó su empleo, vendió el Ford Cortina, compró una camioneta Peugeot y la transformó en un matatu. Después pintó «Mullyways» en letras rojas brillantes en un lateral del vehículo. El 12 de abril de 1973 todo estaba listo para empezar.

Al cabo de unas semanas tenía una lista fija de pasajeros para su matatu y conducía setecientos kilómetros (cuatrocientas cincuenta millas) diarios entre los alrededores y el centro de la ciudad. A los pasajeros les encantaba la música cristiana que sonaba a todo volumen en los altavoces durante los trayectos. También apreciaban que Charles recordara sus nombres y muchos detalles personales sobre ellos.

Ahora que era su propio jefe, Charles podía vestir a su gusto. En la ciudad había una tienda estadounidense que vendía botas, sombreros y pantalones de vaquero. Le encantaron sus nuevas botas del Oeste y cuando conducía por la ciudad todo el mundo podía reconocerlo por el característico sombrero vaquero de piel marrón que siempre lucía.

Durante el tiempo que trabajó para Strabag, Charles había dedicado gran parte de su jornada a permanecer en la oficina, y cuando no estaba allí iba al campo a supervisar la construcción de nuevas carreteras. Pero ahora pasaba la mayor parte de su tiempo conduciendo entre Eldoret y los alrededores de la ciudad, y se dio cuenta de la cantidad de niños sin hogar que vagaban por las calles.

Al contemplar a aquellos niños abandonados, Charles vio en ellos la misma soledad y desesperanza que había sentido en su infancia. Quería hacer algo para ayudarlos, así que empezó a comprar barras de pan fresco y a llenar botellas con agua y las llevaba en el matatu. Cada vez que tenía un hueco en su agenda, buscaba a un grupo de niños de la calle y compartía el pan y el agua limpia con ellos. Al principio los niños sospechaban de Charles, le arrebataban el pan de las manos y se negaban a mirarlo a los ojos, pero pronto empezaron a seguirlo por todas partes, a saludarlo y a llamarlo.

Charles siguió entrando en contacto con más y más niños. A estos les encantaba su sombrero y su auténtico saludo vaquero, que él se había inventado. «¡Yiiiihaa!», exclamaba mientras abría las manos y caminaba lentamente hacia ellos. Una vez que se había ganado la confianza de los niños, les pedía que se acercaran y les contaba historias bíblicas sencillas. Pronto, todo el mundo en Eldoret conocía al vaquero matatu del saludo especial, las barras de pan y las historias para los niños de la calle.

Charles no tardó mucho en reunir suficiente dinero como para comprar otro matatu para su nueva empresa y dio empleo como conductor a uno de sus antiguos pasajeros. También montó para Esther una pequeña tienda donde ella vendía bebidas, fruta, aperitivos y ropa. Al igual que los Mullyways, la tienda también prosperó. De hecho, todos los emprendimientos que iniciaron durante los siguientes cuatro años dieron abundantes frutos. Hacia 1977 Charles tenía cuatro matatus y se había transformado en el único distribuidor autorizado de gasolina, aceite y lubricantes del oeste de

Kenia. Ahora era Strabag la que le compraba a él los suministros.

Charles y Esther se compraron tres hectáreas de terreno de muy buena calidad en Eldoret y edificaron una gran casa en él. Era la primera casa de piedra que se construía en la ciudad y no tardó en convertirse en uno de los lugares predilectos para las reuniones sociales de la gente rica de la ciudad. Y Charles era el más rico de todos. Parecía difícil creer que tan solo diez años antes hubiera trabajado como criado en casa de los D'Souza. A Charles le encantaba plantar cosas, y al cabo de poco tiempo el terreno que rodeaba la casa estaba lleno de frutas y vegetales que nunca antes habían crecido en Eldoret. Charles probó a plantar maracuyá, así como diferentes variedades de bananas, mangos y naranjas.

Cuando los Mulli se mudaron a su nueva casa, Charles y Esther tenían ya cuatro hijas. Él disfrutaba viendo cómo se desarrollaban sus personalidades. Miriam era tranquila y le encantaba leer, Jane y Grace eran extrovertidas y no paraban de hacer preguntas, mientras que la pequeña Ndondo cuidaba de sus muñecas todo el día. A Charles le producía mucha satisfacción poder proporcionar un hogar estable y un futuro brillante a su mujer y a sus hijas. Las dos niñas mayores asistían a la Escuela primaria *Race Course*, y el objetivo de Charles era que después fueran al colegio secundario *Uasin Gishu* y de allí a la universidad. Quería que cada una de sus hijas tuviera las oportunidades que a él se le habían negado.

La única nota discordante en la familia era Daudi Mulli, que recaído de nuevo en su antiguo comportamiento, solo que ahora era diez veces peor. Con el paso de los años, Charles había ido comprando a su padre vacas, cabras y gallinas, así como todo tipo de cosas para su casa. Daudi lo había vendido todo para comprar alcohol, y lo peor de todo es que había empezado a hacer negocios en nombre de su hijo. Charles había comprado algunas propiedades en Ndalani y su padre se hizo pasar por su agente y vendió la tierra de Charles, no una, sino tres veces, a distintos compradores que no sospechaban nada, y luego se había gastado el dinero. Charles estaba furioso, tuvo que dedicar cientos de horas a desenredar la enorme madeja legal que su padre había formado.

Por supuesto, siguió propinando palizas a su familia. Charles pensaba que su padre había cambiado en eso, pero un día de junio de 1978 le llegó la noticia de que su madre y la tía Muthikwa se encontraban en el tren, de camino a Eldoret. Mientras esperaba en la estación a que llegaran, fue poniéndose cada vez más nervioso. ¿Por qué su madre había venido con la tía de Charles, y no con su padre?

Cuando el tren se detuvo en la plataforma entre nubes de vapor y su madre descendió del vagón, ayudada por su cuñada, Charles tuvo la respuesta. Una vez más, su padre había pegado a su madre una gran paliza. Aquello era demasiado. Charles sintió una nueva convicción en su interior. Su padre jamás cambiaría. Conmocionado, ayudó a su madre y a su tía a subir al automóvil y las condujo en silencio hasta casa. No hacía falta decir nada.

Aquella noche Charles se sentó en su despacho y empezó a escribir: «Me gustaría solicitar una audiencia en relación con mi padre, Daudi Mulli. Lleva muchos años pegando a mi madre y a mis hermanos, y se niega a dejar de hacerlo». Tras resumir todas las acusaciones que tenía contra su padre, Charles envió la carta al jefe del clan Aombe de la tribu Kamba. Ya no había vuelta atrás. Que la tribu tratara a su padre como ella considerara conveniente.

Un mes más tarde, Charles se encontraba de pie, en campo abierto, acompañado de su madre, de su tía Muthikwa y de muchas otras tías, tíos y primos. Sentado a su izquierda estaba el jefe del clan Aombe, vestido con un ropaje estampado con motivos marrones y un sombrero de tela naranja. Junto a él había diez o doce jóvenes que vestían faldas cortas de pieles de animales y llevaban todo tipo de palos, espadas y garrotes.

—Charles Mulli, da un paso al frente —dijo el jefe.

Charles obedeció.

—Tú eres el hijo mayor de Daudi Mulli. ¿De qué lo acusas? —preguntó el jefe.

Sintió que se le revolvía el estómago. En ese momento tenía poder de vida o de muerte sobre su padre. Era una responsabilidad terrible, más terrible de lo que él hubiera imaginado jamás. Volvió la vista hacia su madre y pensó en todas las veces que Daudi la había pegado hasta dejarla casi muerta, y en todas las ocasiones en las que había prometido cambiar, pero no lo había hecho. *Ya basta*, se dijo Charles a sí mismo. *Que sea el clan el que decida el destino de mi padre.*

Charles comenzó a dirigirse al jefe con voz alta y clara:

—Este es mi padre, y desde que tengo uso de razón no ha dejado de pegar a mi madre. Llevamos muchos años diciéndole que pare. Se lo hemos rogado, le hemos dado dinero, lo hemos amenazado, pero las palizas continúan. Le he entregado muchas posesiones, pero las ha vendido todas para comprar alcohol. Y cuando bebe, se vuelve violento.

—¿Solo con tu madre o con todos ustedes? —preguntó el jefe.

—Con todos nosotros. Pero hoy es la seguridad de mi madre lo que me preocupa. No sé cuántas palizas más podrá soportar, se está haciendo mayor.

El jefe asintió y preguntó a Charles:

—¿Sabes cómo funciona esto? Escucharemos los testimonios y preguntaremos a tu padre qué tiene que decir en su defensa. Si lo encontramos culpable, lo ataremos con cuerdas y lo azotaremos hasta dejarlo tullido o muerto.

Charles asintió mientras su mirada se cruzaba con la de su padre, cuyos ojos rebosaban una mezcla de miedo y de odio.

—Nos proporcionarás un toro, que será sacrificado como pago por nuestros servicios. El clan asará el toro y hará un festín con él cuando esto termine. ¿Estás de acuerdo?

—Lo estoy —respondió Charles.

—Muy bien, entonces empecemos. Dices que tu padre lleva muchos años pegando a tu madre. ¿Está aquí tu madre?

—Sí —dijo Charles.

—Dinos por qué quieres que castiguemos a este hombre —ordenó el jefe a Rhoda.

Rhoda Mulli dio un paso al frente, con la cabeza y la mirada bajas. Charles no tenía ni idea de lo que pasaba por su mente. ¿Sentiría alivio al ver cerca el fin de su maltrato? ¿Se sentiría culpable por testificar contra su propio marido?

Todo el mundo permaneció en silencio mientras Rhoda explicaba los muchos años de malos tratos que ella y sus hijos habían tenido que soportar a manos de Daudi. Varias veces se detuvo a sollozar, o a sonarse la nariz. A Charles le resultó muy duro escuchar su relato. Cuando acabó, dio un paso atrás y volvió a su lugar. La tía Muthikwa rodeó a Rhoda con su brazo. Charles se alegraba de que Esther hubiera decidido no asistir. El testimonio de Rhoda había resultado sobrecogedor.

—Charles, ¿tienes algo que añadir a las acusaciones de tu madre?

—Ya lo he dicho todo —respondió Charles—. Este hombre ha causado a mi madre y a mi familia un daño enorme. Le hemos rogado que cambie, pero no ha querido. Otras personas le han rogado que cambie, pero las amenazó con matarlas si interferían. Pido al clan que intervenga de una vez para siempre.

—El jefe se volvió hacia Daudi Mulli y preguntó:

—¿Es verdad lo que dicen?

Charles vio a su padre bajar la cabeza y decir en un gemido:

—Es verdad, yo he sido ese hombre.

Muy bien —dijo el jefe—. Serás castigado.

Inmediatamente hizo una seña a seis fuertes jóvenes que agarraron a Daudi y lo tiraron al suelo. Daudi gritó, pero los jóvenes le arrancaron la camisa y lo ataron de manos y pies, luego lo arrastraron algunos pasos.

La multitud hizo un corro alrededor de él para observar lo que sucedía; para eso habían venido. Pudieron ver como ataban a su padre boca abajo sobre el suelo para azotarlo. Cuando el primer varazo cayó sobre la espalda de Daudi, este dejó escapar un grito penetrante.

Ver como su padre sufría la misma agonía que él mismo había infligido a su mujer, a Charles y a sus otros hijos durante tanto tiempo, no le produjo ninguna satisfacción. Más bien tuvo el efecto contrario. Charles contempló la multitud: estaba sedienta de sangre; la sangre de su padre. Se dio cuenta de que seguramente era el único cristiano presente, el único que sabía que Daudi se dirigía de cabeza al infierno, el único que entendía que Dios ofrece su misericordia a todas las personas.

—Charles, haz algo. Ayúdame. Lo siento.

La voz de su padre interrumpió sus pensamientos.

—¡Mátenlo! ¡Mátenlo! —cantaba la turba a medida que los golpes iban cayendo sobre la espalda de Daudi.

Charles intentó taparse los oídos. No se sentía liberado. No era como si lo estuvieran librando de un gran peso. En realidad, el pensamiento de tener en sus manos la muerte de su padre se le hizo insoportable. El tiempo parecía haberse detenido mientras Charles discutía consigo mismo. Sí, su padre merecía morir, ¿pero no era el Señor un Dios de misericordia? ¿Y que ocurriría con su madre? Si él intervenía para que detuvieran el castigo, ¿acaso Daudi no volvería a pegar a su madre hasta quizá matarla? ¿Era justo salvar su vida inútil a cambio de la preciosa vida de su madre?

—¡Charles, por favor! —gritó su padre.

De repente Charles levantó las manos.

—¡Deténganse! —gritó, haciéndolo lo suficientemente alto como para que lo escucharan por encima de los cánticos. La multitud quedó en silencio y todos los ojos se volvieron hacia Charles—. Quiero que detengan el castigo y me gustaría rogar por la vida de mi padre —dijo.

La turba murmuró desencantada.

—¿Qué has dicho? —preguntó el jefe.

Charles repitió lo que había dicho.

—¿Estás seguro? Tú eres quien ha pedido esto. ¿Ahora te echas atrás?

—Nunca volveré a hacerlo. Por favor, sálvame —rogó Daudi.

—Sí, estoy seguro —dijo Charles.

La multitud comenzó a impacientarse. Habían venido a ver una paliza y una muerte, no una negociación.

—Muy bien —respondió el jefe—. Es la primera vez que sucede algo así. Daudi merece morir, pero si estás de acuerdo en pagar una vaca como multa, les ordenaré que paren.

—Gracias —dijo Charles.

—Pero mataremos al toro y esta noche haremos el festín —dijo el jefe a los congregados—. Ahora váyanse, aquí ya no hay nada más que ver. —Hizo una pausa y miró a Daudi—. Respecto a ti, la compasión de tu hijo te ha salvado la vida. Pero sigue teniendo derecho a llamarte ante este tribunal. Si regresas, no dudaré en hacerte azotar, y la próxima vez nadie detendrá el castigo hasta que hayas muerto. ¿Me has entendido?

—Sí —dijo Daudi.

Charles caminó hasta su padre, se inclinó, lo desató y le dijo:

—Ahora eres libre. No te guardo ningún rencor y no voy a desentenderme de ti, pero tienes que cambiar. Tienes que dejar de pegar a tu mujer, y debes dejar de beber. También tienes que dejar de usar mi nombre para vender mis propiedades. ¿Lo has entendido?

—Sí —dijo Daudi—. Cambiaré. No quiero volver aquí nunca más.

—Ni yo tampoco —dijo Charles mientras se alejaba caminando.

Capítulo 7

Más fuerte que el hechicero

Seis meses después, las cosas iban mejor que nunca para la familia Mulli. Charles continuó enviando dinero a sus padres a través de la agencia bancaria de la oficina de correos y le llegó la buena noticia de que Daudi había dejado de beber. El futuro parecía brillante y predecible, pero todo se torció el día antes del día de Navidad, cuando Charles recibió una carta de su tía Muthikwa.

Esta había ido a visitar a sus padres y le escribió diciendo que su padre había regresado a la bebida. No obstante, consciente de que cada vez que bebía se arriesgaba a que lo mataran, Daudi había rogado a Muthikwa que lo ayudara a encontrar una solución a su falta de control ante el alcohol. Su tía le contaba en la carta que habían ido juntos a ver a un hechicero, quien les aseguró que su padre estaba siendo perseguido por los espíritus malignos de sus antepasados. Pero lo que a su tía le había alarmado más fue que no solo Daudi estaba en peligro, sino que la ruina económica amenazaba a toda la familia. Por eso, Muthikwa rogaba a Charles que fuera a Ndalani y acompañara a su padre a visitar al que era considerado el hechicero más poderoso de la zona.

Al leer la carta, Charles sintió un gran desánimo en su interior. Llevaba trece años orando por su padre. ¿Cambiaría alguna vez? A pesar de la advertencia del jefe del clan de que lo mataría si continuaba bebiendo, dicha amenaza no había sido suficiente. Charles se preguntó qué debía hacer.

Aquella noche, él y Esther repasaron las diferentes opciones. Podían hacer que mataran a Daudi enviándolo de nuevo ante el jefe del clan; podían cortar todo contacto con él y Rhoda; o Charles podía ir a Ndalani y acompañar a su padre a ver al hechicero.

—Creo que deberías ir —dijo Esther animando a su marido—. Recuerda lo que dice Jesús en el Evangelio de Mateo: «Toda potestad me es dada en el cielo y en la tierra».

—Sí —dijo Charles—. No creo que mi padre entienda lo poderoso que es Dios en comparación con un hechicero. Quizá haya llegado el momento de que lo compruebe por sí mismo.

El siguiente fin de semana Charles condujo hasta Ndalani. A lo largo del camino oró para que Dios guiara sus pasos y su padre lograra ver la futilidad de lo que el hechicero podía ofrecerle.

A su llegada, Daudi pareció feliz de ver a su hijo.

—Tenemos que conseguir ayuda —dijo a Charles.

—Estoy de acuerdo. Pero, ¿qué te hace creer que el hechicero podrá ayudarte? —le preguntó él.

—¡Es el único que puede! —exclamó Daudi—. Todo el mundo sabe que solo un hechicero tiene poder sobre los espíritus de los antepasados.

—No estoy de acuerdo —respondió Charles—. Creo que la ayuda procede del Dios vivo. Pero ya veremos; mañana iré contigo al hechicero y comprobaremos qué tipo de poder tiene realmente.

A la mañana siguiente, temprano, Charles se levantó antes que nadie, se dirigió silenciosamente hacia un campo cercano, se arrodilló y se puso a orar.

—Dios, yo sé que Tú eres el Todopoderoso. Tú tienes más poder, muchísimo más poder que el hechicero. Tú conoces el problema que tiene mi padre, y yo sé que solo Tú tienes poder para obrar un cambio en su interior. Por favor, revélale hoy tu poder.

Después de desayunar, padre e hijo se dirigieron al lugar donde trabajaba el hechicero, situado a varios kilómetros de allí. Podían haber ido en el automóvil de Charles, pero no quiso llamar la atención sobre sí mismo y su padre, así que prefirió que fueran andando, como el resto de la gente. Cuando llegaron al complejo de chozas donde ejercía su labor el hechicero, ya estaba bien avanzado el día y cientos de personas se encontraban sentadas en pequeños grupos, en la ladera de un monte cercano.

Mientras pasaban a través de la multitud, Charles notó que allí había muchas personas necesitadas, ciegas, tullidas y muy enfermas. Allí había gente procedente de todos los grupos lingüísticos de Kenia, e incluso personas que hablaban algunos idiomas que él no podía reconocer. Charles se dio cuenta de que nunca se había encontrado en medio de un grupo tan heterogéneo, ya que no solo había africanos, sino también asiáticos, árabes y europeos.

Su padre y él preguntaron a una mujer qué tenían que hacer para conseguir ver al hechicero, en vista de la enorme multitud que estaba allí esperando. La mujer se encogió de hombros y dijo:

—Simplemente encuentren algún lugar donde sentarse. Algunas personas llevan aquí esperando dos días. Otras son invitadas a pasar más rápidamente. Tendrán que esperar hasta que alguien las escoja de entre la multitud.

Charles suspiró. Se dio cuenta de que aquel iba a ser un día muy largo. Ambos vieron un espacio libre en el suelo y se sentaron a esperar. Sin embargo, para su gran sorpresa, al cabo de pocos minutos un ayudante del hechicero se acercó a ellos y les dijo:

—Ha llegado su turno. Vengan conmigo.

—¿En serio? ¿Tan pronto? —preguntó Charles.

—Sí, el hechicero ha preguntado por ustedes.

Charles y su padre se levantaron y siguieron al ayudante hasta una pequeña choza con el techo de paja y sin ventanas. Nada más entrar, la densa humareda que había en el interior hizo que a Charles empezaran a picarle los ojos. Charles se esforzó por ver. En el suelo había una piel de leopardo y en una esquina había un hombre sentado, inmóvil, de aproximadamente su misma edad.

—Siéntense —dijo el ayudante antes de salir por la puerta.

Su padre y él se sentaron en sendos taburetes de tres patas junto a un fuego humeante. Frente a ellos, el hechicero permanecía prácticamente inmóvil. Charles susurró una oración mientras Daudi permanecía expectante, pero fue en Charles en quien se centró el hechicero, que fijó sobre él una mirada glacial. Charles sostuvo la mirada. Los segundos pasaron. Entonces el hechicero comenzó a temblar. Primero comenzó a golpearse el estómago con las manos, a continuación empezaron a castañetearle los dientes y comenzó a boquear en busca de aliento.

—¿Por qué estás aquí? —preguntó sin dejar de mirar a Charles—. ¿Por qué has venido? ¿Por qué me haces esto? ¿Cómo te atreves?

Aún temblando incontrolablemente, el hechicero se volvió hacia Daudi.

—Tu hijo no tiene ningún problema. Vete y vuelve pasado mañana.

—No —dijo Charles—. Quiero que nos digas cómo vas a ayudar a mi padre.

—Márchense ya —rogó el hechicero—. Deben irse —dijo comenzando sollozar.

El ayudante entró, parecía asombrado.

—El hechicero no se encuentra bien. Por favor, váyanse —dijo.

Charles agarró a Daudi por el brazo y ambos regresaron a la tarde soleada.

Tras unos pocos minutos de caminar en silencio, Charles dijo:

—¿Entiendes ahora que el hechicero no tiene poder?

Su padre no respondió y él supo que no se convencería hasta que el hechicero le hablara directamente a él.

—Ya verás —siguió diciendo—, regresaremos dentro de dos días, tal y como nos ha pedido. Cuando todo esto termine sabrás sin género de dudas que el Dios cristiano es el único que tiene poder.

Dos días después, Charles y su padre regresaron al lugar donde atendía el hechicero. Encontraron una situación muy semejante a la de la vez anterior, y buscaron un lugar donde sentarse.

Aunque se encontraban a unos pocos cientos de metros de la choza del hechicero, Charles podía verla con toda claridad. Durante toda la mañana vieron a hombres, mujeres y niños entrar y salir de la choza. Poco después del mediodía, Charles se levantó para estirar las piernas. Cuando estaba a punto de sentarse de nuevo, sintió una extraña sensación. Era como si estuviera viendo una película a la que se le hubiera ido el sonido. Todas las cosas a su alrededor parecían suceder a cámara lenta. Podía ver a la gente hablando a su alrededor, pero no oía lo que decían. Entonces, por el rabillo del ojo pudo ver un gran estallido de luz, como si la choza del hechicero hubiera explotado formando una gran bola de fuego.

Las personas más cercanas al recinto donde estaba la choza comenzaron a gritar, ahora Charles si pudo oírlas. El fuego se extendió rápidamente ladera arriba por la hierba seca de la colina. Charles levantó de un tirón a Daudi y ambos corrieron. Media hora después estaban en la colina opuesta mirando a distancia lo que había ocurrido. Todas las chozas del recinto y la colina donde la gente se sentaba a esperar al hechicero estaban calcinadas. Aunque el fuego ya se había extinguido, el humo continuaba subiendo desde las brasas candentes y se extendía formando largas y etéreas volutas por todo el cielo.

—No hay forma de que el hechicero haya sobrevivido a eso —dijo Charles al contemplar la escena.

—Tienes razón —respondió su padre.

—¿Y bien? —dijo Charles.

—¿Y bien? —repitió su padre.

Charles podía sentir el miedo y el asombro en la voz de su padre.

—¿Te das cuenta, al fin, de que el Dios al que yo adoro es mucho más poderoso que nuestros antepasados y que los ídolos? —preguntó.

Daudi no respondió. Simplemente siguió andando. Charles sabía que su padre tenía mucho en que pensar.

Tras regresar a Eldoret, comenzaron a llegarle noticias que le hicieron creer que su padre realmente estaba cambiando. La tía Muthikwa escribió diciendo que Daudi había dejado de beber. Rhoda comenzó a asistir a una iglesia cristiana local, y Daudi no le prohibió hacerlo. Charles continuó orando por su progenitor.

Mientras tanto, había adquirido un autobús de sesenta y dos plazas para que su empresa, *Mullyways Enterprises*, pudiera ofrecer trayectos de ida y vuelta entre Eldoret y Nairobi, y había hecho planes para adquirir varios autobuses más. Además, su familia seguía creciendo. El 17 de agosto de 1979, Esther dio a luz a su primer hijo varón, al que llamaron Kaleli, en honor a su abuelo paterno. Charles había estado orando por un varón al que pudiera preparar, para que en un futuro cuidase de sus negocios. Daba por sentado que sus hijas seguirían la tradición tribal, por lo que un día se casarían y se irían a vivir con las familias de sus maridos. Pero un hijo varón siempre se quedaría con él y con Esther.

Poco después del nacimiento de Kaleli, Charles recibió una carta en su oficina de Eldoret. La dirección del sobre estaba escrita con la caligrafía infantil de su padre. Rasgó el sobre y se dispuso a leer el contenido: «Hijo, tú has sido para mí como un padre, más de lo que yo lo he sido para ti. Tú me apoyabas, en cambio yo te rechazaba. Tú me ayudabas, en cambio yo te dañaba. Pero tengo buenas noticias que darte: he aceptado a Jesucristo».

Charles sintió que los ojos se le llenaban de lágrimas.

—Esto es maravilloso. Gracias, Jesús —susurró mientras seguía leyendo.

«Se me hace difícil creer que una sola decisión pueda cambiar una vida, pero lo ha hecho. Y es a ti a quien debo agradecérselo. Tú tenías razón en todo. No es fácil para mí escribir esto. Me duele pensar en la persona que he sido. Por eso quiero pedirte perdón por las cosas que te he hecho. Lo siento, Charles. Estaba equivocado».

Al llegar a ese punto en la lectura las lágrimas corrían por las mejillas de Charles. Su padre había recobrado por fin el juicio. La pesadilla había terminado. Charles pensó en el momento en que había intervenido salvando la vida de su padre, y en que ahora se había arrepentido y entregado a Dios. Se preguntó que pasaría con su padre en el futuro. Iba a ser fascinante ver la obra de Dios en su vida.

Aquella noche, Charles regreso muy feliz a su casa desde la oficina.

—¿Qué más podía desear? —le comentó a Esther—. ¡Dios ha sido tan bueno con nosotros!

Esther estaba de acuerdo.

—Todo lo que haces te sale bien. La gente dice que Charles ha sido bendecido por Dios.

Era verdad. En los años transcurridos desde que llegara caminando a Nairobi, solo y sin una moneda en el bolsillo, su vida había cambiado de una forma increíble. En aquel momento era la persona más rica de Eldoret. Y no solo eso, sino que sus proyectos cristianos también habían prosperado. Era anciano de su iglesia y su familia era una de las tres que, con la ayuda de un misionero británico, habían iniciado una nueva congregación que estaba creciendo de forma sostenida. Además estaba todo lo relacionado con su familia. Nada hacía a Charles sentirse más orgulloso que su bella esposa Esther y sus cinco hijos. A todos sus niños les encantaba aprender y a él le hacía feliz darles todas las oportunidades que él nunca había tenido.

Las cosas siguieron mejorando. La siguiente vez que él y Esther fueron a Ndalani a visitar a su familia se quedó asombrado de ver lo mucho que había cambiado su padre. Ahora se quedaba en casa por las mañanas, en lugar de salir a emborracharse en el pueblo. Leía su Biblia todos los días y oraba con la madre de Charles, que se hizo cristiana poco después que su marido. Por primera vez, los hijos de Charles dejaron de temer a su abuelo. Daudi irradiaba paz y una presencia amorosa, algo muy diferente de cualquier cosa que Charles hubiera visto en él antes. Además, el nudo que había sentido en su estómago cada vez que tenía que ir a ver a su madre desapareció por completo. Sabía que nunca más se la encontraría llena de golpes, moratones o sangrando por haber recibido una paliza a manos de su marido.

Charles les compró a sus padres una vaca, sabiendo que esta vez cuidarían de ella. Ahora podía confiar en que Daudi no la vendería para comprar alcohol, como había hecho anteriormente.

De vuelta en Eldoret, la pequeña iglesia que Charles y Esther habían ayudado a fundar continuó creciendo, hasta que llegaron a congregarse novecientas personas para asistir al culto dominical matutino. Las hijas de Charles cantaban en el coro y él mismo predicaba la mayoría de los domingos. Incluso Daniel arap Moi, el presidente de Kenia, fue a visitar la iglesia, tras haber oído hablar de las grandes cosas que sucedían allí.

Cada día Charles agradecía a Dios por sus bendiciones. Su experiencia era que cuánto más honraba a Dios en su vida diaria, más le bendecía Dios con riquezas. Pero entonces sucedió algo que cambiaría del todo la situación.

Capítulo 8

El desafío

Era media mañana cuando Charles se metió con su vehículo por la *Kenyatta Avenue*, una de las calles principales de Nairobi. Estaba de buen humor. El trayecto desde Eldoret había sido rápido y durante el mismo había estado pensando en sus hijos y los siguientes pasos que debían dar. Era 1986, y Miriam y Jane asistían al colegio secundario femenino Kessup, un internado cristiano situado a treinta kilómetros al noreste de Eldoret. Grace, que tenía una gran facilidad para los estudios, estaba a punto de ser aceptada en el colegio secundario femenino Alliance, el colegio para chicas más prestigioso del país. Mostraba interés por los negocios y tenía cualidades para la música. De hecho, todos sus hijos las tenían. Charles y Esther habían trabajado este aspecto de su educación desde que estaban aprendiendo a hablar, y ahora toda la familia disfrutaba

cantando junta. Los niños Mulli habían aparecido
varias veces en un programa de variedades de la
televisión nacional, llamado *La juventud de hoy*, y
unos reporteros habían ido a su casa a filmar un
documental sobre niños superdotados.

A diferencia de sus hermanas mayores, que ya
asistían o estaban a punto de asistir al colegio,
Ndondo, de nueve años, y Kaleli, de siete, asistían
a la Escuela primaria Uasin Gishu. Charles apenas
podía creer lo rápido que habían pasado los años.
Después del nacimiento de Kaleli, Esther y él habían
tenido otros tres hijos: Mueni, una niña que ya tenía
cuatro años, y otros dos hijos varones, Isaac, de dos
años, y el recién nacido Dickson. Charles rió entre
dientes. Con ocho niños, Esther y ella no daban a
basto, pero en el mejor sentido posible.

Durante el trayecto, la mente de Charles había
vagado pensando en dónde pasarían las siguientes
vacaciones familiares. En su opinión, debían ir de
nuevo a Alemania. Ya habían estado allí, cuando
Charles fue a visitar a unos amigos que había conocido mientras trabajaba en Strabag. Le encantaba
Alemania, con sus veloces automóviles y sus her-
mosos castillos. También había visitado otros países, como el Reino Unido, Francia, Canadá e Israel.
Algunos fueron viajes de placer, pero otras veces
fueron visitas de negocios, como el que hizo para
comprar piezas y accesorios de motor o para firmar
acuerdos de suministro de combustible.

Charles conducía su automóvil buscando algún
lugar donde estacionar cerca de la *Kenyatta Avenue*,
pero no encontraba ninguno. Condujo lentamente
a través del estacionamiento próximo a *Nyayo House*, el edificio al que necesitaba ir, pero allí tampoco

encontró un sitio donde estacionar. De repente, un grupo de siete u ocho niños de la calle ya algo mayores se pusieron delante de su vehículo y le hicieron señas para que los siguiera. Charles redujo la velocidad de su Peugeot y conduciendo despacio por un lado de la calle siguió a los chicos hasta una plaza de estacionamiento vacía.

Bueno, no ha sido tan difícil, pensó mientras tomaba su bolsa y cerraba tras él la puerta del vehículo.

—Un chelín. Danos un chelín por haberte ayudado —dijo uno de los chicos más mayores extendiendo su mano hacia Charles.

Charles dudó. Normalmente no tenía problemas en dar a los niños de la calle comida o dinero, pero había captado el fuerte olor a pegamento que procedía de ellos. Dos o tres parecían drogados. Si les daba dinero, lo usarían para comprar más pegamento que esnifar[1]. Negó con la cabeza y miró a su alrededor en busca de un quiosco donde comprarles algo de comer. No pudo ver ninguno.

—Danos un chelín —dijo el chico nuevamente—. Vigilaremos tu automóvil y nos aseguraremos de que no le suceda nada.

Charles iba a Nairobi por lo menos una vez a la semana, y nunca le había ocurrido nada a su auto.

—No, gracias —dijo dejando atrás a los chicos.

Estos le siguieron, pidiéndole insistentemente un chelín, pero él no podía soportar la idea de apoyar con su dinero que esnifaran pegamento. Apresuró el paso y llegó a la *Nyayo House*, donde pasó entre los guardias de seguridad y desapareció tras las gruesas puertas de cristal del edificio. Se sintió aliviado de estar allí dentro, el lugar al que había ido para renovar la licencia de seis de sus autobuses.

---

1   Esnifar: Aspirar por la nariz cocaína u otra droga.

El proceso de renovación transcurrió sin contra- tiempos, y media hora más tarde Charles estaba lis- to para volver a casa. Caminó hasta donde había de- jado el automóvil, pero la plaza de estacionamiento estaba vacía. Pensando que quizá se había equivo- cado, volvió sobre sus pasos en busca de su Peugeot gris, pero no logró encontrarlo.

En ese momento, uno de los niños de la calle pasó junto a él, caminando sin rumbo.

—¿Has visto mi auto? —le preguntó Charles.

El chico se encogió de hombros.

—¿Acaso me pediste que lo vigilara? —respondió él.

Charles respiró profundamente. No tenía más remedio que hacerse a la idea de que le habían ro- bado el automóvil. Respecto al grupo de niños de la calle, o bien sabían quién lo había robado o enton- ces lo habían robado ellos mismos. No tenía otra opción que ir a la comisaría de policía y denunciar el robo de su vehículo. Charles podía haber llamado a uno de sus trabajadores para que fuera a Nairobi a buscarlo, pero decidió tomar un autobús a casa: uno de los autobuses *Mullyways* que hacía todos los días el trayecto de ida y vuelta entre Eldoret y Nairobi.

Para Charles, que ahora era multimillonario, constituyó una extraña experiencia sentarse en su propio autobús como un pasajero más, para reali- zar el viaje de regreso de casi trescientos kilómetros hasta Eldoret. Observó con curiosidad como los de- más pasajeros subían al autobús sus equipajes y las compras que habían hecho en Nairobi. Algunos estaban distraídos charlando. Otros echaban una siestecita o leían el periódico.

Mientras el autobús avanzaba, los pensamientos de Charles regresaron al incidente del robo de su automóvil. Que se lo hubieran robado no le preocupaba mucho. Por entonces tenía ya veinte autobuses y siempre ocurría algo con alguno de ellos. El Peugeot estaba asegurado y sería fácil de reemplazar. Eran los niños de la calle los que no se le iban de la mente. Para empezar, se preguntaba qué circunstancias les habrían llevado a vivir sin techo. ¿Tendrían padres? ¿Habrían ido alguna vez a la escuela? ¿Cuántos de ellos estarían enganchados al pegamento, o beberían alcohol barato? ¿Y de quién era la culpa de que los chicos fueran así? ¿Del gobierno? ¿De sus padres? ¿De la sociedad? Charles meditó en ello un largo rato hasta que se dio cuenta de que no importaba de quién fuera la culpa. Las preguntas verdaderamente importantes eran: ¿Quién va a arreglarlo? ¿Quién va a ayudar a esos chicos a conseguir una vida mejor? Aquellas preguntas anidaron en su corazón y ya no lo dejarían.

No importaba lo que estuviera haciendo, la imagen de los chicos de Nairobi venía a su mente una y otra vez, y la pregunta sobre quién los ayudaría le perseguía. Pasaron tres meses, luego seis. Charles pasó noches sin dormir pensando sobre ellos, preguntándose dónde dormirían, si estarían seguros o si tendrían hambre. Sabía que lo más seguro es que estuvieran hambrientos. Por entonces Charles repartía más pan y leche a los niños de la calle de Eldoret de lo que había hecho nunca. También daba dinero a sus sobrinos para que pudieran ir al colegio, y ofrendaba generosamente a la iglesia y a muchas otras organizaciones.

Pronto otra pregunta respecto a los niños de la calle comenzó a pesarle en el corazón: ¿Estaría haciendo lo suficiente? Es verdad que estaba haciendo por ellos bastante más que cualquier otra persona que conociera, pero ¿era suficiente? Se preguntaba si eso era todo lo que Dios le pedía o estaría olvidándose de algo. Quizá había algún ministerio nuevo que debía añadir a su vida.

Tres años después de que le robaran el automóvil en Nairobi, Charles seguía pensando en los niños de la calle y en su situación. Entonces, un lunes de noviembre de 1989, comenzó a sentirse enfermo en el trabajo. Rápidamente, resolvió las cuestiones más importantes y le dijo a su secretaria que se marchaba a casa a descansar. Se subió a su Mercedes-Benz y salió del estacionamiento.

Lo siguiente que supo es que estaba conduciendo por una calle que no conocía. No estaba seguro de dónde estaba. Se fijo en la siguiente señal viaria que encontró. Ponía «Turbo». ¿Turbo? Estaba a más de treinta kilómetros (veinte millas) de casa, ¡de camino a Uganda! Charles no sabía lo que le había ocurrido. ¿Cómo había llegado allí? Su única explicación es que había perdido el conocimiento sin dejar de ser capaz de conducir. Pensó en todas las intersecciones que tenía que haber atravesado, en todos los autos a los que seguramente había adelantado. ¿Cómo habría logrado mantenerse en el carril correcto de la carretera? Le sorprendía mucho no haberse matado.

Abrumado, condujo su auto hasta el arcén de la carretera. Cuando se detuvo del todo, comenzó a llorar como un niño. ¿Y si hubiera muerto? ¿Había cumplido todos los planes de Dios para él? ¿Cuál

sería su legado? Se dijo a sí mismo que sin duda él
era un buen hombre cristiano: era muy activo en la
iglesia y entregaba bastante más del diez por ciento
de sus ingresos. Tenía ocho hijos a los que criar y
alimentar, y a todos les iba bien; su matrimonio
era feliz y estable, sus padres eran al fin cristianos, como también la mayoría de sus hermanos.
Pero mientras seguía llorando, la misma pregunta
con la que llevaba tres años luchando seguía agi-
tándose en su mente. ¿Quién ayudaría a los niños
de la calle? No importaba lo mucho que intentara
ignorar la cuestión, esta seguía desafiándolo una y
otra vez.

Charles permaneció sentado en su automóvil
orando, llorando y rogándole a Dios que le diera una
respuesta clara respecto a lo que debía hacer. Estaba seguro de que no hacía lo suficiente, y llegó a la
conclusión de que o se olvidaba de los niños de la
calle, o bien comprometía su vida y sus recursos a la
tarea de ayudarlos. Charles luchó denodadamente
con la decisión que tenía ante él. Estaba muy orgulloso de proveer bien para su familia. ¿Qué pasaría
con ellos si decidía ayudar a los niños de la calle?
¿Era justo pedirle a Esther que renunciara a tanto?
Tenían ocho hijos. ¿Acaso no era ese el peor momento posible para arriesgar todo lo que ellos conocían y
tenían? No tenía respuestas, pero estaba decidido a
no volver a casa hasta que las tuviera.

Durante tres horas permaneció sentado en el
auto estacionado en el arcén de la carretera.

—Dios, dime qué debo hacer. Obedeceré lo que
Tú me digas. Estoy preparado para obrar por fe y
ser usado por ti —dijo en oración—. Estoy dispues-
to a renunciar a todo aquello con lo que me has

bendecido. Señor, úsame para alcanzar a esos niños. Ellos están exactamente igual que yo lo estuve, desesperados. Ayúdame a llevarles esperanza.

En ese momento, todo cambió. Fue como si alguien hubiera girado el dial de la radio del aparato de su auto. Charles sintió que le inundaba una gran sensación de paz. De repente se sintió liberado de cualquier preocupación. Sabía que todo saldría bien. Esther, los niños, sus padres; Dios cuidaría de todos ellos.

—Gracias, Señor —oró—. Te acompañaré en este viaje dondequiera que nos lleve, y Tú estarás conmigo. Solo te serviré a ti, y lo haré lo mejor que pueda.

Charles soltó una fuerte carcajada y comenzó a cantar. Había tomado su decisión. Todo su corazón ya estaba puesto en el desafío que tenía por delante. Mientras conducía a casa, decidió que comunicaría la noticia a su familia durante la cena.

—Tengo un anuncio que hacerles —dijo cuando la familia terminó de comer.

Inmediatamente, todos los ojos se posaron en Charles, como si todo el mundo se diera cuenta de que algo muy extraordinario estaba a punto de ocurrir.

Charles se aclaró la garganta.

—Nuestra familia ha recibido muchas bendiciones, pero recibir bendiciones no es el objetivo principal de la vida. Puedo seguir trabajando para darles más cosas, una casa más grande, más cosas que meter en ella, más vacaciones y ropas y libros y equipamiento deportivo. ¿Pero acaso nuestras vidas consisten en eso? Nosotros, como familia, servimos a Dios, y Dios nos está guiando en una nueva dirección. Tenemos dos opciones, o seguimos a Dios o volvemos a lo que teníamos antes.

Dejó de hablar durante un momento. En la habitación el ambiente era tenso. Nadie movía un músculo, ni siquiera el pequeño Dickson se agitaba en su trona[2].

—Como todos ustedes saben, hace años que siento una carga especial por los niños de la calle. Yo mismo era uno de ellos antes de que Jesús me rescatara. Ya no puedo seguir dando la espalda a mi llamamiento. Jesús me está pidiendo que ayude a los niños de la calle, eso es innegable. He tomado una decisión: voy a abandonar el mundo de los negocios. Lo voy a dejar todo. Venderé todas mis empresas y encontraré la forma de ayudar a esos niños. Nunca más volveré a trabajar a cambio de dinero.

Charles miró a Esther, pero esta tenía la cabeza baja. Todo el mundo alrededor de la mesa permaneció inmóvil como una estatua. Nadie parecía querer ser el primero en romper el silencio. Por fin, Jane dijo:

—Oraremos por ti, papá.

Esther habló a continuación:

—Se trata de un cambio muy radical —dijo en un tono de voz apenas más alto que un susurro.

—Sí, lo es —respondió Charles.

De nuevo se hizo el silencio.

Tras la cena, los niños se fueron a sus dormitorios a hacer las tareas, y Charles pensó que seguramente necesitaban repasar todo lo que se les venía encima. Respecto a él, tan solo un día antes se habría sentido mal por no ser capaz de decirles lo que pasaría a continuación, por no poder asegurarles que seguirían teniendo la oportunidad de estudiar en los mejores colegios y asistir a las mejores universidades. Ahora no podía ofrecerles ninguna garantía, su futuro estaba en manos de Dios. Se sonrió a sí mismo al dirigirse

---

2   Trona: Silla de patas altas para dar de comer a los niños pequeños.

al dormitorio de sus dos hijos menores, Isaac y Dickson, a fin de prepararlos para irse a dormir. Apenas podía esperar a que llegara el día siguiente.

Aquella misma noche, algo más tarde, cuando todos los niños ya estaban en la cama, Charles se dirigió al patio trasero de la casa para tener un tiempo de oración. Esther no tardó en unírsele. Él le extendió la mano, pero ella no se la tomó.

—¿Todo? —preguntó su esposa con tono de voz apagado—. ¿Vas a desprenderte de todo lo que hemos trabajado tan duro para obtener?

Charles asintió.

—Sí. Dios está con nosotros; sé que lo está. Siento mucha paz.

Esther refunfuñó.

—¿Cómo puedes hacer algo así? No lo entiendo. ¿Cómo puedes separarte a ti mismo de tu casa, tu dinero, tu familia?

Charles se giró a mirarla. Podía ver su rostro bañado por la luz de la luna. Parecía exhausta.

—Esther, esto no me separa de ustedes. Soy consciente de mi responsabilidad respecto a la familia. Dios cuidará de todos nosotros. Quiero que todos seamos partícipes en esto.

—¿No podrías, simplemente, vender algunas de nuestras propiedades y dedicar la mitad de tu tiempo a los negocios y la otra mitad a los niños de la calle? ¿Acaso tiene que ser todo o nada? —preguntó Esther.

—Dios me ha hablado, y yo confío en que Él proveerá —respondió Charles—. ¿Estás conmigo?

Su pregunta quedó suspendida en el aire silencioso de la noche.

Capítulo 9

«¿Qué puedo hacer por ustedes?»

Eran las nueve de la mañana de un martes 18 de noviembre de 1989, cuando Charles se dispuso a voltear las hojas de su agenda. *Hoy es cuando todo comienza*, se dijo a sí mismo tomando un bolígrafo. Un día normal habría estado en el trabajo, en su despacho, pero ya había llamado a su secretaria para que cancelase todas sus reuniones. Charles tachó de su agenda todos los compromisos del día. Como actividad de la mañana, escribió: «Comenzar el proceso de desprenderme de mis posesiones. ¿Abogados? ¿Contratos? ¿Cuántas cuentas bancarias? ¿Cuándo notificarlo a los empleados?». En cuanto a la tarde, esto es lo que anotó en su agenda: «Planificar la estrategia para alcanzar a los niños de la calle y a otros. ¿Adónde ir? ¿Qué llevar? A continuación, ¡VE!».

Charles nunca se había sentido tan emocionado ni con tanta energía. Dedicó la mañana a hacer listas de las personas con las que contactar y lo que tendría que hacer para cerrar sus diferentes negocios, incluidas las franquicias de gasolina y gas, y su compañía de seguros y gestión de propiedades inmobiliarias. Charles llamó a su abogado para comenzar a discutir los problemas legales que conllevaría la finalización de los contratos y licencias con aquellas compañías con las que tenía acuerdos en vigor.

Todas aquellas cosas tenían que ver con el pasado. Cuando pasó a ocuparse del futuro, tomó con ilusión una hoja de papel en blanco y escribió en su cabecera: «Alcanzar a los niños de la calle — Estrategia inicial». Con la mirada puesta en el papel, su mente comenzó bullir con los miles de posibilidades respecto a cómo gastar el dinero obtenido con la venta de sus negocios: hospitales para los niños de la calle; una fuerza policial entrenada para ayudar a los niños, no para aprovecharse de ellos; centros de reciclaje y distribución de comida, de forma que los niños no pasaran hambre; escuelas especiales para ellos, incluso nuevas familias, que les dieran un sentido de pertenencia y de valor y, sobre todo, la oportunidad de conocer a Dios y ser transformados por *su* poder.

—Señor —dijo en oración—, Tú sabes lo que me deparará el futuro. Lo único que tengo que hacer es seguirte. Te ruego que me concedas ahora tu guía.

Tras orar algo más, Charles sintió que debía dedicarse a proporcionar comida a los niños de la calle.

—Es difícil perseguir cualquier otro objetivo cuando uno está hambriento —se dijo a sí mismo en voz alta—. Primero los alimentaré, y luego les compartiré el evangelio y los sacaré de las calles. Dios tiene un plan para proporcionarles alojamiento y educación. Mi tarea es conocerlos mejor y ganarme su confianza.

Poco después de caer la tarde, Charles bajó trotando lleno de ánimo las escaleras de su casa. Esther estaba en la cocina preparando unas verduras para la cena. Tenía los ojos rojos e hinchados de tanto llorar. Charles sentía pena por ella, pero no se arrepentía de lo que estaba haciendo.

—Será duro, pero valdrá la pena —le dijo a su esposa sosegadamente—. Dios no nos abandonará. Sé que esto es lo correcto.

Esther echó unos boniatos en una cacerola.

—Es lo correcto para ti. Tú tienes esa gran fe, pero ¿qué hay del resto de nosotros?, ¿qué se supone que debemos hacer? Nuestros niños están asustados. Jane me ha preguntado esta mañana si aún podremos enviarla a la universidad. ¿Qué dirán sus amigos si nuestros niños empiezan a mezclarse con los niños de la calle? Hay tantas cosas que no has tenido en cuenta, Charles —respondió Esther—. Esos niños son ladrones y pandilleros. Estoy segura de que algunos de ellos han asaltado y asesinado a personas. Ya sabes lo que pasa en las calles por la noche, tú has visto las noticias. Algunos de ellos tienen tuberculosis y otras enfermedades contagiosas. Son adictos a esnifar pegamento y otras drogas, y van armados con cuchillos. ¿Cómo me vas a garantizar que estarás a salvo entre ellos? ¿Quieres dejarme viuda? ¿Eso es lo que quieres? ¿De verdad es la voluntad de Dios que pongas a tu familia en una situación tan arriesgada? ¿Qué sentido tiene enviar a nuestros hijos a los mejores colegios, para luego exponerlos a las peores compañías?

—No puedo responder a esas preguntas, Esther —dijo él con calma—, pero sé que estoy haciendo lo correcto. Estoy seguro de que eso es lo que Dios me ha llamado a hacer, no solo a mí sino a toda la familia, y la forma de hacerlo se nos irá revelando a medida que seamos obedientes a Dios. Ahora, voy a comprar algo de pan y de leche para llevárselo a los niños de la calle.

Esther murmuró un adiós sin apenas girarse para mirarlo.

Charles fue a comprar provisiones y después se dirigió a las zonas pobres de la ciudad, donde recorrió las calles arriba y abajo hasta encontrar grupos de niños de la calle. Entonces, tal y como había hecho muchas veces antes, se aproximó a ellos mostrando las palmas de sus manos y gritando: «¡Yiiihaa!», el saludo inventado que llevaba usado muchos años para acercarse a los niños. Cuando se hizo con su confianza y atención, les preguntó:

—¿Les gustaría comer algo?

Como de costumbre, Charles notó que la promesa de recibir comida vencía rápidamente cualquier recelo que los niños pudieran mostrar hacia él. Los niños lo rodearon mientras él sacaba las barras de pan de su auto, las partía y daba pedazos a los niños, que engulleron el pan y se bebieron la leche que Charles les ofreció.

Anteriormente, solía ocurrir que cuando dedicaba tiempo a ofrecer comida a los niños de la calle también se veía apremiado por las cosas que tenía que hacer, bien porque tenía que conducir su matatu o porque tenía asuntos que atender en la oficina, o que resolver con su familia. Pero ahora tenía un montón de tiempo, así que, tras explicar a los niños quién era él, se dispuso a escuchar las preocupaciones de ellos.

Cuando logró reunir a buen grupo de niños de la calle, Charles los condujo hasta la iglesia que había ayudado a fundar y en la que solía predicar. Al llegar, los niños se sentaron en un campo cerca de la iglesia, comieron pan y le escucharon contar historias de la Biblia. También les explicó quién era Jesús, cuánto amor había recibido de él y que Jesús los amaba también a ellos.

Tras contarles varias historias bíblicas, Charles miró directamente al grupo y les preguntó:

—¿Qué puedo hacer por ustedes?

Los niños de la calle permanecieron en silencio y lo miraron fijamente. Sabía que por dentro se reían de él. Charles habría tenido exactamente la misma reacción si alguien le hubiera hecho esa pregunta cuando era un niño y luchaba por sobrevivir. Pero en aquel entonces nadie se había preocupado lo suficiente por él como para hacerle esa pregunta, y estaba seguro de que era la primera vez que alguien se la había hecho a esos niños.

—¿Qué puedes hacer por nosotros? —preguntó finalmente uno de ellos, incrédulo.

—Bueno —dijo Charles—, mañana pienso traer más pan, y podemos hablar algo más de la Biblia, de Jesús y de sus vidas. Pero, ¿qué más necesitan? ¿En qué puedo ayudarlos?

Los niños comenzaron a hablar y a describir sus necesidades. Después de la comida, sus dos necesidades más apremiantes parecían ser un lugar seguro donde dormir por las noches y ropas que vestir.

—De acuerdo. Seguramente me llevará algún tiempo, pero intentaré averiguar la forma de suplir esas necesidades.

Aquella noche, mientras conducía a casa, Charles se sintió lleno de nuevas energías. Se acordaba de los nombres de cada uno de los niños y oró por todos ellos. Pensó en sus necesidades más urgentes. No le costaría mucho empezar por la ropa. Todo el mundo en casa de los Mulli tenía bastante más de la que era capaz de usar a lo largo de una semana. Decidió que empezaría por su propio guardarropa y que pediría a los niños que revisaran los suyos y viesen de qué ropas podían desprenderse. Lo del lugar seguro donde dormir era un poco más complicado. Charles pensó en una cabaña a la que no se le daba ningún uso y que estaba situada en la parte de atrás del terreno donde se levantaba la iglesia. Quizá podría acondicionarse para que los niños pudieran dormir allí.

Al día siguiente, Charles siguió el mismo esquema que el día anterior. Dedicó la mañana a deshacerse de sus empresas y por la tarde se fue a ver a los niños de la calle. Estos estaban esperándolo, respondieron a su «yiiihaa» y lo recibieron con una sonrisa. Cuando se sentaron alrededor de su auto a comer pan y beber leche y refrescos, otros niños se acercaron y se unieron al grupo. Una vez con el estómago lleno, volvió a invitarlos a ir con él a la iglesia, donde les contó más historias de la Biblia y organizó un partido de fútbol. Al principio el partido fue caótico. Nadie había pedido nunca a aquellos niños que siguiesen unas reglas, pero no tardaron en captar su importancia y cuando lo hicieron empezaron a divertirse. Mientras hacía de árbitro, Charles empezó a sentirse inmensamente

orgulloso, casi como si fueran sus propios hijos biológicos los que estuvieran jugando.

Poco a poco, Charles fue ayudando a los niños
de la calle a mejorar sus condiciones de vida. Juntos limpiaron la vieja cabaña de la iglesia y para que
pudieran dormir allí por las noches. La iglesia tenía
también media hectárea de terreno baldío y dio a
Charles permiso para usarlo como quisiera. Charles organizó a los niños y estos quitaron las malas
hierbas y plantaron un huerto. Esperaba usar aquel
terreno para enseñarles a utilizar pequeñas parcelas
de tierra para producir alimentos y que, de paso,
aprendieran el valor del trabajo práctico.

Al segundo domingo de haber empezado a pasar
tiempo con los niños de la calle, Charles los invitó a
asistir a un culto de la iglesia. Unos veinte aparecieron
por allí, pero las cosas no resultaron como él había
esperado. Uno de los ancianos lo llevó aparte y le dijo:

—¿Qué están haciendo aquí esos niños? Apestan
y van a ensuciar los asientos. Tienes que decirles
ahora mismo que se vayan o espantarás al resto de
la congregación. Necesitas pensar seriamente en lo
que estás haciendo. Este no es lugar para ellos.

Charles regresó a donde estaban los niños, que
ocupaban las dos últimas filas de asientos, y les dijo:

—Acompáñenme, chicos. La iglesia se va a llenar
mucho hoy y necesita que algunos de los niños cele-
bren el culto fuera, bajo los árboles, para que dentro
quepan más adultos.

Los niños de la calle siguieron a Charles fuera del local y se sentaron todos bajo un jacarandá,
sin darse cuenta de que los habían expulsado de la
iglesia. Charles les predicó y les enseñó dos nuevas
canciones.

Aquella noche Charles pasó un largo rato orando. Le había decepcionado profundamente que la gente de la iglesia —sus amigos y hermanos cristianos— hubiera sido tan insensible con los niños de la calle. Sabía que dichos niños suponían un reto, pero había esperado que su congregación le ayudara a alcanzarlos y llevarlos a Cristo. Pasó a preguntarse si los miembros de la iglesia no terminarían siendo una piedra de tropiezo para los chicos. Esperaba que no fuese así.

Tras dos semanas con los niños de la calle, Charles pidió a Esther que cocinara algo para ellos, pues necesitaban alimentos más nutritivos. Esther accedió, y al día siguiente acompañó a Charles a la iglesia con una gran olla llena de un guiso de pollo y habichuelas. Los niños lo devoraron hambrientos. Mientras los miraba comer, Charles tenía la seguridad de que para algunos de ellos era la primera vez que alguien les cocinaba una comida caliente.

Esa noche, al llegar a casa, le preguntó a Esther:

—Pues bien, ¿qué piensas de los niños de la calle?

Ella dejó escapar un profundo suspiro.

—Necesitan ayuda, es evidente. Están sucios, hambrientos y huelen mal. ¿Cómo puede alguien vivir así, sin nadie que lo ame ni se preocupe de su bienestar?

—Dios nos ha llamado a suplir esa necesidad, Esther —replicó Charles tiernamente—. ¿Estás conmigo?

Esther permaneció en silencio un largo rato.

—Sí, Charles; estoy contigo —respondió al fin.

Los ojos de su marido se llenaron de lágrimas.

—Gracias —dijo él. Con su mujer trabajando a su lado no había nada que no pudiera hacer.

Los siguientes dos meses supusieron todo un reto. Todos los días aparecían por la iglesia treinta niños en busca de comida, actividades e historias bíblicas. A medida que fueron adquiriendo confianza con Charles y Esther, empezaron a compartir con ellos historias terribles acerca de las múltiples formas en que habían abusado de ellos y algunas de las cosas que habían tenido que hacer para conseguir suficiente comida. Muchos de los niños tenían miedo y se habían unido a pandillas para protegerse de los ataques y maltratos. Sin embargo, en ocasiones eran los miembros mayores de esas pandillas los que abusaban de los más jóvenes, que por lo tanto no encontraban seguridad en ninguna parte.

Aquella situación entristeció mucho a Charles y a Esther, por lo que tomaron la decisión de hacer todo lo que pudieran por llevar el amor de Dios a las vidas de esos niños.

—No podemos dejar a Susan y a David en las calles —le dijo Esther a su esposo un día—. Susan tiene seis años y David solo tres. Cada vez que me despido de ellos me siguen como cachorrillos perdidos. Ni siquiera puedo volverme para mirarlos, y cada vez que me despido de ellos me pregunto si los volveremos a ver. He preguntado por ahí, y su madre, simplemente, ha desaparecido.

Charles asintió. Sabía lo que sentía su esposa.

—No pueden dormir en la cabaña con los mayores. ¿Qué deberíamos hacer? —preguntó.

—¿Traerlos a casa? —sugirió Esther.

Charles la abrazó. Eso era exactamente lo que esperaba que ella dijera.

—¿Podemos hacerlo? —añadió Esther—. Es decir, ¿tenemos que comunicarle a alguien que hemos acogido a esos niños en nuestra casa?

—Preguntaré por ahí, pero no creo que haya ningún requisito legal —dijo Charles—. Eso es lo que hace tan peligroso que anden por ahí fuera. No tienen a nadie que cuide de ellos. También tenemos el caso de Jane Washuka. Solo tiene cuatro años y sé que su madre ha muerto. ¿Podemos traerla también a casa?

—Supongo que sí. ¡Nuestra casa va a estar llenísima! —dijo Esther con una sonrisa.

Varios días después los tres niños se mudaron al dormitorio de Miriam y Jane. Por entonces, ambas se encontraban respectivamente en la universidad y en un colegio interno.

La primera noche, cuando llegó el momento de irse a la cama, Charles y Esther vistieron a los tres recién llegados con pijamas prestados de Mueni e Isaac. A la mañana siguiente el dormitorio apestaba, los tres habían mojado las sábanas.

—Conseguiré protectores de plástico para las camas —le comentó Esther a Charles—. Cuando Dickson abandonó los pañales pensé que ya no tendría que volver a enseñar a nadie a usar el baño.

Educar a los nuevos niños supuso todo un desafío. Cuando comían pollo, dejaban los huesos mondos y lirondos y luego los arrojaban a su espalda, al suelo de la cocina. Al parecer, los niños de la calle no tenían ni la menor idea de para qué servía un plato. Tampoco parecían comprender bien el concepto de propiedad. Rápidamente extraviaban los juguetes, la ropa y otras cosas que Charles y Esther les habían proporcionado. Los niños las dejaban en cualquier lugar y luego olvidaban dónde las habían puesto.

Tampoco tenían ninguna noción de higiene personal. Nunca habían utilizado un cepillo de dientes, ni se habían duchado o sentado en un retrete. El cuarto de baño pronto pareció una zona de guerra y uno de los niños incluso consiguió, de alguna forma, partir la taza por la mitad.

—Está resultando difícil —le dijo Esther a Charles poco después de que los niños de la calle se mudaran a su casa.

—Muy difícil —concordó Charles.

—Están tan mal educados que hasta nuestros niños se quejan. No somos una gran familia feliz; nuestros hijos no están contentos con los nuevos niños, ¿y quién podría culparlos? Los niños de la calle no tienen ni idea de cómo comportarse en una casa. Hace un mes que nadie viene a visitarnos... —dijo Esther con desánimo.

Era cierto. Tan pronto como la familia creció, con la adición de los niños de la calle, Charles Esther y sus hijos comenzaron a notar que sus amigos desaparecían a toda velocidad. Al principio fue algo sutil. Los niños Mulli recibían menos invitaciones a jugar en casa de sus amigos. Cuando Esther se presentó voluntaria para ayudar a organizar una gran fiesta en la iglesia, le dijeron que ya tenían gente suficiente. Además, los hijos mayores estaban de mal humor, porque sus amigos habían oído el rumor de que Charles pretendía repartir entre los pobres todas las posesiones de la familia. Incluso en la iglesia, ya no se detenía tanta gente a saludarlos y charlar un poco, y cuando Charles quería hablar con el pastor este siempre andaba muy ocupado.

Sin embargo, nada de eso preparó a Charles para lo que sucedió un día de mediados de septiembre. Aquel día había seguido su nueva rutina diaria, por lo que primero había tenido un tiempo de oración en casa y luego había ido a las calles a ayudar a los niños. Por la tarde, los niños y Charles habían ido, como de costumbre, al terreno de la iglesia a tener una reunión.

Al finalizar la tarde, como unos ochenta niños de la calle cantaban coritos cristianos como colofón al tiempo que habían pasado con Charles. Aunque los niños seguían viviendo la vida de la calle, Charles podía detectar los cambios reales que iban produciéndose en las vidas de algunos de ellos. Los niños le preguntaban acerca de lo que estaba bien o estaba mal, y querían saber cómo dejar de robar o de ser violentos. Esto lo llenaba de ánimo. Sabía que le quedaba un largo camino por recorrer, pero aquellas señales resultaban alentadoras.

Cuando los niños entonaban las últimas notas del corito final, Charles notó que dos autos se detenían en el estacionamiento de la iglesia. Qué raro, pensó. No sabía que esta noche hubiera una actividad aquí. Dos de los ancianos, un profesor de universidad y un hombre de negocios, descendieron del auto y caminaron hasta el edificio. Charles los saludó con la mano, pero ellos no respondieron. Pronto estacionaron más automóviles, y más hombres vestidos con traje y corbata se introdujeron en el local. Parecía como si se celebrara una reunión del consejo completo de la iglesia, pero una reunión a la que Charles, que también era miembro del consejo, no hubiera sido invitado. Se quedó asombrado, ¿cómo se habían podido olvidar de invitarlo?

Tras despedirse de los niños de la calle, Charles caminó tranquilamente hasta la sala de reuniones con una gran sonrisa en el rostro. Su llegada fue recibida con un silencio gélido. Nadie lo miró a los

ojos. De hecho, muchos de los miembros del consejo se cruzaron de brazos y miraron hacia el suelo.
¿Qué rayos pasa aquí?, se preguntó Charles.

—Esto no puede seguir así —escuchó decir a Joseph, uno de sus colegas ancianos.

El asombro de Charles fue mayúsculo.

Capítulo 10

Familia

—¿A qué te refieres? ¿Qué es lo que no puede seguir? —preguntó Charles.

—Lo de los niños de la calle, por supuesto. Tienes que dejar de traerlos aquí. Tienes que dejar de permitirles que duerman en la cabaña. Tienes que dejar de traerlos a la iglesia los domingos. Tienes que dejar de hacer todo eso —dijo otro anciano.

Charles se sintió como si le hubieran dado un puñetazo en el estómago.

—¿Por qué?

—Lo sabes tan bien como nosotros —dijo Joseph—. Es demasiado. No pertenecen a este lugar. No sirven para nada y nunca aportarán nada positivo. Tienen piojos, apestan y están llenos de infecciones. Pero eso no es lo peor. Charles, debes ser realista. Son pandilleros y ladrones. No deberían relacionarse con nuestros niños ni con nuestra iglesia. Imagino que dentro de poco querrás que se incorporen al grupo de jóvenes. Simplemente no va a funcionar. Todos hemos invertido mucho en esta congregación para que ahora tú la destruyas con tus planes absurdos.

—Nadie ha invertido más que yo en esta congregación —dijo Charles con calma—. Todos ustedes saben que Esther y yo somos una de las tres familias que la fundaron, y ahora somos mil novecientas personas. Amo a esta iglesia, y creo que va por el camino correcto. No quiero seguir mi labor en solitario. Me gustaría que se unieran a mí en la ayuda a los niños de la calle. Juntos podemos enseñarles la Palabra de Dios y educarlos para que salgan de las calles. Estoy absolutamente seguro de que el Señor va a hacer grandes cosas con ellos. Por favor, créanme.

La sala quedó en silencio. Al cabo de unos instantes, Joseph se removió en su asiento, se aclaró la garganta y dijo:

—Ya es demasiado tarde, Charles. Nos hemos reunido sin ti y hemos votado. Solo has tenido un voto, así que, incluso si te dejamos hablar, nada de lo que digas podrá cambiar las cosas. Ya hemos tomado una decisión. Los niños de la calle no pueden volver aquí. Tienes que deshacerte de ellos antes de que sean una mala influencia para nuestros propios niños. Este es un lugar santo, y esos niños ciertamente no lo son.

Charles recorrió con su vista los rostros de las distintas personas que se encontraban en la sala. Eran amigos, compañeros de oración, colegas profesores de la escuela bíblica dominical, y ni uno de ellos le devolvió la mirada. Sabía que había perdido.

Los ancianos habían tomado su decisión. No tenía sentido quedarse.

—Me da mucha pena que todos ustedes piensen de esa manera. El evangelio es suficientemente poderoso como para transformar a los niños de la calle. Si no podemos confiar en que Dios protegerá a nuestros hijos, ¿qué tipo de educación cristiana les estamos dando? Pero veo que la decisión está tomada.

Dicho esto, se levantó y se dirigió hacia la puerta. Nadie lo detuvo.

Charles condujo hasta su casa, aún asombrado por el giro que habían dado los acontecimientos. De una cosa estaba seguro, no iba a abandonar a los niños de la calle. Si la iglesia no los quería, mandaría ampliar su propio hogar con nuevas habitaciones y los recibiría allí.

Al llegar a casa, compartió con Esther lo que había ocurrido en la reunión.

—No me sorprende en absoluto —dijo ella con aplomo—. Ya no me llama ni me visita ninguna de mis amigas de la iglesia; y la otra noche, cuando fui a dejar a Ndondo en el grupo de jóvenes, el líder ni siquiera me saludó.

—Menos mal que Dios es mayor que la iglesia —dijo Charles—. Si ellos no quieren a los pobres ni a los necesitados, nosotros les haremos un hueco.

—¿Cómo? —preguntó Esther—. Ya hemos acogido a tres niños, y está siendo una locura. Hoy Susan ha tirado su blusa por el retrete, y ni siquiera sé por qué lo ha hecho. David y Dickson se han peleado a puñetazos. Nuestros niños son muy infelices. No se atreven a quejarse delante de ti, pero constantemente acuden a mí a llorar y lamentarse. Los niños que hemos acogido les roban su material escolar y su ropa. Si no cambia algo, tendremos nuestra propia guerra aquí, dentro de casa. Sencillamente, no pueden llevarse bien, son demasiado diferentes. Nosotros no hemos criado así a nuestros hijos.

—Bueno, no hay duda de que necesitamos una gran dosis de gracia, ¿verdad? Pero acabará funcionando. Sé que hemos sido llamados a hacer esto —dijo Charles—. Diseñaré los planos de una nueva ala para nuestra casa y ampliaremos la cocina. También necesitaremos otro horno, ¿no te parece? Y enseñaré a los niños mayores a construir sus propios dormitorios en el patio trasero.

Esther pareció hundirse aun más.

—Si no hay más remedio... Ya hemos perdido a todos nuestros amigos, y en la escuela se burlan de nuestros hijos. Supongo que debemos seguir adelante y ver qué sucede al final.

—¡Dios está con nosotros! —dijo Charles. A pesar de lo ocurrido en la iglesia, se sentía lleno de energía—. El Señor nos está haciendo más humildes, y eso está bien. Sin embargo, no pretende humillarnos. Espera y verás. Esta mañana leí el siguiente versículo: «Humillaos, pues, bajo la poderosa mano de Dios, para que él os exalte cuando fuere tiempo». Debemos seguir adelante, Esther. Hay demasiado en juego.

Al día siguiente, Charles invitó a los niños que solían reunirse en la iglesia a acompañarlo al jardín de su casa para comer y escuchar historias de la Biblia. Se colgaron en masa del columpio de sus hijos y pisotearon los parterres de flores. Charles hizo un apaño[1] con la manguera del jardín para que pudie-

---

1   Apaño: Disposición, maña o habilidad para hacer algo. Acomodo, avío, conveniencia.

ran ducharse al aire libre y Esther los alimentó con habichuelas y arroz. Al finalizar la tarde se sentaron en corro y empezaron a planear dónde construir los dormitorios para los chicos. Charles estaba seguro de que, para la mayoría de ellos, esa era la primera vez que alguien les había pedido que participaran de una decisión que cambiaria sus vidas. Los ojos de los niños brillaban de expectación.

Durante los meses siguientes, el hogar de los Mulli se convirtió en un refugio para los niños de la calle, pero tuvieron que pagar un alto precio por ello. Sus nuevos invitados rompieron casi toda la porcelana de la casa y muchas de sus pertenencias fueron hurtadas. Esther montó un puesto de eliminación de piojos bajo un bananero y su marido contrató a un médico para que viniera a prescribir medicinas para las diferentes enfermedades de la piel e infecciones que tenían.

Los niños de la calle no tardaron en ocupar todo el tiempo de la pareja, y encontrar la oportunidad de dar a sus hijos biológicos la atención que necesitaban se transformó en un problema serio. Charles no quería que empezaran a quedarse atrás en la escuela, pero a sus hijos les resultaba casi imposible estudiar por las noches, con tantas distracciones a su alrededor. Pero lo peor de todo es que se quejaban constantemente de los niños de la calle. Era un problema constante. Charles les rogaba que fueran amables y generosos, pero no estaban de humor para ello. Su casa se dividió en dos bandos, sus hijos biológicos y los niños de la calle, y pronto estalló la guerra entre ellos.

—Esto no es bueno para nadie —dijo Esther a Charles—. Nuestros hijos, nuestros propios hijos, están sufriendo. No consiguen adaptarse, y los niños de la calle tampoco ponen todo de su parte. Sencillamente, no es apropiado traerlos aquí para que compartan su vida con nuestros hijos. Necesitan demasiada enseñanza y atención. Yo no tengo tiempo para ocuparme de todos, y tú siempre estás por ahí, buscando más niños que traer a casa.

—Lo entiendo —respondió Charles—. Creía que nuestros niños se comportarían mejor y que podríamos trabajar en armonía como familia. Ahora me doy cuenta de que eso no va a suceder, al menos de momento. Necesitamos hacer algo distinto. Tenemos que ponerlo en oración.

Una semana después, Charles estaba seguro de que Dios le había dado una solución, y la compartió con Esther.

—¿Un internado? —preguntó ella—. Charles, ¿de verdad quieres enviar a Kaleli y a Mueni a un internado? Solo tienen once y ocho años. ¿Cómo puedes pensar siquiera que esa sea una buena idea? No son suficientemente mayores.

—Creo que es la solución de parte de Dios en este momento —replicó Charles con calma—. Me gustaría que oraras al respecto.

—Está bien —accedió Esther.

Fue una decisión muy difícil, pero Esther y Charles inscribieron a Kaleli y a Mueni en un internado. Ndondo y Grace ya estaban en uno, y Miriam y Jane ya iban a la universidad. Solo se quedaron en casa, junto con los niños de la calle, Isaac de seis años, y Dickson, de cuatro.

Cuando tomaron la decisión, Esther no pudo evitar las lágrimas.

—Es un sacrificio muy grande —dijo—, ¿cómo puedes estar seguro de que valdrá la pena, Charles?

Charles sentía como las lágrimas le rodaban por las mejillas. Todo lo que siempre había querido era poder criar a sus hijos y tenerlos cerca de él, y ahora los estaba enviando lejos.

—Sé que esto es lo que Dios quiere que hagamos. Jesús dijo: «si el grano de trigo no cae en la tierra y muere, queda solo; pero si muere, lleva mucho fruto».

Miró a Esther a los ojos y añadió:

—Tenemos que creer en ello. Es un sacrificio y parece como si muriéramos, pero debemos creer que muchas, muchísimas cosas maravillosas vendrán como consecuencia de esto. ¿Lo crees conmigo, Esther?

Su esposa asintió lentamente.

—No hay duda de que esta vida es diferente a la que solíamos llevar —dijo con calma—, pero estoy contigo.

Durante el siguiente año hubo muchos cambios en casa de los Mulli. Los niños trabajaron duro y añadieron una nueva ala a la casa principal. A continuación, edificaron cabañas sencillas en el patio de los Mulli, destinadas a clases, una cocina y un comedor al aire libre. Los conductos del alcantarillado se ampliaron y se unieron al colector principal del ayuntamiento. Poco a poco, los prados de césped bien segado y los coloridos parterres de flores fueron sustituidos por pavimentos de piedra y edificios de bloques de cemento.

A finales del primer año, Charles y Esther habían desarrollado un procedimiento para obtener con rapidez la custodia legal de los niños. Primero anotaban en un registro los detalles del lugar donde habían encontrado a cada niño y toda la información que el niño conociera sobre sí mismo. A continuación, Charles iba a la comisaría de policía a informar que ese niño iba a vivir con él, para asegurarse de que no hubiera nadie buscándolo. Nunca se encontró con que uno de los niños estuviera siendo buscado.

Una vez que vivían oficialmente con los Mulli, todos los chicos mayores de cinco años empezaban a asistir al colegio. Como ninguno de ellos había ido nunca a una escuela, todos empezaban en primer grado, y como procedían de muchas tribus diferentes —buena parte de sus madres biológicas eran mujeres que se habían mudado a Eldoret desde otros lugares del país, en busca de una forma de ganarse la vida— a todos se les enseñaba en la lengua oficial de Kenia, el suajili.

Todos los meses se añadían nuevos niños al grupo que vivía con Charles y Esther, y a la familia comenzó a conocérsela oficialmente como la Familia de los Niños Mully. Charles utilizó ese nombre porque recordó el versículo que dice «Dios hace habitar en familia a los desamparados», y eso era exactamente lo que él quería hacer. No era un orfanato gigante, ni un reformatorio; era una familia, y Charles y Esther eran Papá Mulli y Mamá Esther. Charles confiaba en que con el paso del tiempo Dios ablandaría el corazón de sus hijos biológicos y estos acabarían por aceptar a la familia ampliada.

Dos años después, a comienzos de 1993, Charles ya se había gastado toda su fortuna personal, pero semana a semana iba consiguiendo el dinero suficiente como para comprar comida y ropa a los niños, y pagar a los miembros del equipo. Por entonces trabajaban para la Familia sesenta y dos personas, entre maestros, trabajadores sociales y enfermeras, administradores y un guardia que vigilaba la puerta.

A los niños no solo se les enseñaba a leer y a escribir, sino que también adquirían otras habilidades prácticas. Además, gracias al ejemplo de vida cristiana que proporcionaban Charles, Esther y los demás miembros del equipo, muchos de ellos entregaron sus vidas a Cristo. Le decían a Charles que ellos también querían tener un nuevo comienzo interior. Su decisión de hacerse cristianos y vivir para Dios era, sin duda, lo que más contribuía a que Charles sintiera que todos los sacrificios que había hecho por los niños habían valido completamente la pena.

Casi todos los días, a última hora de la tarde o primera hora de la noche, Charles se dirigía a recorrer los barrios bajos de Eldoret acompañado de un pequeño equipo al que había entrenado especialmente para ello. Una vez allí, hablaban con los niños de la calle y seleccionaban los casos más desesperados a fin de acogerlos en su hogar. Una noche de mayo, mientras caminaban por un estrecho callejón del barrio marginal de Huruma, Charles vio a seis jovencitas sentadas en el suelo y recostadas contra una endeble pared de cartón. Las chicas estaban sentadas en silencio, ese tipo de silencio que él sabía que provenía de la desesperación. Hizo una seña a los dos trabajadores sociales que lo acompañaban para que aminorasen el paso.

—¡Yiiihaa! —exclamó Charles cuando estuvo más cerca. Las chicas casi ni levantaron la vista. Charles se puso en cuclillas junto a ellas. —Soy Charles Mulli —dijo extendiendo su mano hacia la que tenía más cerca—, ¿cómo te llamas?

La chica bajó la mirada y dijo:

—Rael.

—Hola, Rael. Me alegro de conocerte a ti y a tus amigas. ¿Cómo estás?

Rael se encogió de hombros.

—¿Puedes decirme que hacen aquí tan tarde? —insistió Charles, mientras oraba en su interior. Sabía por experiencia que ese era el momento clave en que un niño o decidía confiar en él y se abría, o bien se asustaba y se alejaba.

Rael lo miró a los ojos. Charles sonrió, y ella abrió su boca y comenzó a decir:

—Yo... mi madre vive cerca de aquí, pero no puedo ir a casa... me he escapado. Todas las noches mi madre se emborracha con *chang'aa*[2] y nos pega a mí y a mis hermanos. Al final pensé que estaría más segura en las calles, pero no lo estoy. Aunque mi madre ya no me pega, los hombres abusan de mí —dijo Rael sin rodeos.

—Siento mucho escuchar eso —respondió Charles—. Se parece mucho a mi propia historia, aunque en mi caso era mi padre el que me pegaba, no mi madre. Yo también me fui de casa buscando algo mejor, pero no lo encontré hasta que oí hablar de Jesucristo. ¿Sabes algo acerca de Jesús?

—¿Quién es? —preguntó Rael.

—Es el Hijo de Dios, y te ama muchísimo. Él cambió por completo mi vida y me dio esperanza.

Charles siguió hablando un rato, y se enteró de que todas las chicas se encontraban más o menos en la misma situación. O habían dejado a sus padres o

---

2   Chang'aa: elaboración casera de alcohol, El gobierno de Kenia la legalizó y reguló en 2010, en un esfuerzo por sacar los negocios de los establecimientos donde se agregan productos químicos tóxicos a la bebida para hacerlo más fuerte.

entonces habían sido abandonadas y ahora vivían en las calles. Entonces preguntó a Rael:

—¿Has oído hablar de la Familia de los Niños Mully?

Rael asintió.

—Sí, algunas de las chicas hablan de ello. Creo que conocen a alguien que ha ido allí. Dicen que está bien y que le dan comida.

—Pues bien —dijo Charles—, yo soy el padre de la familia Mully. ¿Les gustaría unirse a nuestro grupo? Podemos llevarlas ahora con nosotros, si quieren. Hay comida, colegio y muchas cosas que hacer, y yo las enseñaré acerca de Jesús. ¿Qué dicen?

Las chicas se miraron entre sí en busca de confirmación. *¿Se atreverán a venir?,* se preguntó a sí mismo.

—Vale —dijo Rael—. Nada puede ser peor que esto. Yo iré.

—Nosotras también —dijeron las otras.

—Estupendo —respondió Charles—. Las llevaré a casa y conocerán a Mamá Esther. Podrán hablar con ella sobre su vida y cómo mejorarla.

Las seis chicas se apretujaron en el auto de Charles y este las condujo hasta su casa.

A la noche siguiente, a la hora de la cena, vio de nuevo a Rael. Ya vestía ropas limpias, tras haber tomado la primera ducha de su vida. Llevaba de las manos a dos de los niños más pequeños de la familia.

—Mira, Papi —dijo Rael riendo—. He encontrado a mi hermano y mi hermana pequeños. ¡Ya vivían con ustedes!

Charles compartió su felicidad. Era estupendo saber que Rael formaba parte ya de una familia amorosa y que además se había reencontrado con sus dos hermanos biológicos.

Como a muchos otros niños de la calle, a Rael también le costó liberarse de la vida en las calles. Charles sospechaba que Rael estaba enganchada a las drogas, y aunque los trabajadores sociales intentaron ayudarla, un día Rael huyó y regresó a su vieja vida. La adicción a las drogas y la tentación de ser libre para ir donde quisiera fueron más de lo que pudo resistir. Esto era algo que ya había ocurrido con otros niños anteriormente, y cada vez que sucedía Charles respondía de la misma forma, salía a buscar al chico y a traerlo de vuelta a la familia.

Llovía a mares cuando Charles divisó a Rael en el barrio chabolista de Huruma. Iba caminando rápido y, aunque él la llamó, el golpeteo constante de la lluvia ahogó su voz. Charles detuvo su auto y fue caminando hasta ella.

—¡Rael, para! ¡Soy yo, tu papá!

Rael se detuvo y se volvió hacia él, dejándose caer al suelo. Charles vio que tenía un gran moratón en uno de sus brazos.

—Soy yo, papá —dijo de nuevo—. He venido a llevarte a casa.

—¿Estás loco o qué? —gritó Rael—. Tú no me quieres, nadie me quiere. No valgo para nada, vete. ¿Por qué estás aquí?

Se dio la vuelta con intención de levantarse y alejarse de nuevo.

—Por que te amo, Rael —dijo Charles.

Rael comenzó a sollozar y todo su cuerpo temblaba. Charles se acercó a ella y la agarró firmemente.

—Rael, todos te echamos de menos. Mamá Esther también te echa de menos. Yo te echo de menos.

Todos tus hermanos y hermanas te echan de menos. ¿Te vienes a casa conmigo?

Rael se limpió la nariz con el dorso del brazo.

—No quiero estar aquí, es horrible. Quiero irme a casa.

—Está bien, pues entra en el auto entonces. Seguro que estás hambrienta.

Rael asintió.

—Gracias por venir, papá —susurró.

Más y más niños de la calle siguieron llegando, y Charles y Esther se las arreglaron para acomodar a doscientos en su casa, pero a finales de 1993 se hizo evidente que necesitaban una casa más grande para todos. Charles empezó a contemplar la idea de encontrar una instalación mayor para su creciente familia, ¿pero dónde? Conocía exactamente el lugar. Aunque Charles había vendido todos sus negocios y las propiedades anexas, él y Esther se habían quedado con dos kilómetros cuadrados (quinientos acres) de tierra baldía no urbanizada en Ndalani, donde aún vivían los padres de Charles. El terreno estaba situado junto al río Thika y Charles y Esther habían planeado jubilarse allí algún día. Como se encontraba alejado, en el campo, no tenía vecinos cerca que pudieran quejarse del ruido que doscientos o trescientos niños harían con toda seguridad en el lugar.

Charles habló con Esther de la posibilidad de usar aquel terreno para edificar un segundo hogar para los niños y ella aceptó de buen ánimo. Al fin y al cabo, le dijo, con tantos niños que criar no parecía que nunca fueran a ser capaces de jubilarse. Charles se sintió agradecido de tener una esposa que compartiera totalmente su visión.

Mientras tanto, los hijos biológicos de los Mulli estaban creciendo. Miriam se graduó en la universidad con una diplomatura en educación y regresó a casa para ayudar a dar clase a los niños. Jane se licenció en enfermería, se enamoró de un hombre llamado Nicky y ambos planeaban casarse. A Charles le hacía muy feliz ver a sus hijos centrados en sus estudios y encontrando su propio lugar en la vida, a pesar de los sacrificios que habían tenido que hacer.

Mientras oraba acerca de quiénes debían ir en primer lugar a Ndalani, se dio cuenta de que era la oportunidad perfecta para que los adolescentes más difíciles fueran allí y probaran algo diferente, así que pidió a dos profesores que tomaran a los diecisiete chicos más problemáticos de Eldoret y se mudaran a la nueva localización. Además de continuar con sus estudios regulares, los chicos desbrozarían la tierra para poder cultivarla y levantarían varias edificaciones sencillas para que fueran ocupadas por el resto de los niños cuando se mudaran allí. Charles pensó que el trabajo duro y un sentido de propósito harían mucho bien a los chicos.

Charles y Esther decidieron pasar el día juntos en el terreno situado junto al río Thika, paseando, charlando y orando. Fue un tiempo de refrigerio para ellos. Al terminar el día estaban llenos de ánimo y fe por las cosas que Dios quería hacer en Ndalani.

El sábado 20 de agosto de 1994, cuatrocientas personas, incluidos todos los miembros de la Familia de los Niños Mully de Eldoret, los padres de Charles y otros parientes y amigos, se reunieron en el terreno para llevar a cabo un servicio religioso de dedicación. Mientras contemplaba aquel terreno baldío y desolado, de tierra rojiza, Charles se imaginó cómo sería en el futuro: una zona verde y fértil llena de niños felices.

Los padres de Charles se sentaron orgullosos en primera fila. Daudi era un hombre cambiado. Ahora era anciano de su iglesia local y alguien solicitado para mediar en las discusiones. Rhoda también tenía una fe fuerte y trabajaba de forma incansable para ayudar a las mujeres pobres de la zona en que vivían. La mayoría de los hermanos de Charles se habían convertido a Cristo y varios de ellos tenían previsto trabajar para él en Ndalani, una vez que las instalaciones estuvieran en pie y funcionando. La tía Muthikwa también había entregado su corazón a Cristo y se la vio resplandeciente de felicidad durante toda la ceremonia.

Después de estas cosas, toda la Familia de los Niños Mully viajó a Nairobi para la boda de Jane. Cuando los niños se levantaron para cantar durante el culto muchas personas se conmovieron hasta las lágrimas. Cuando terminó la ceremonia de boda, Charles y Esther regresaron a Eldoret para añadir más niños de la calle a su hogar y su familia siempre creciente.

Seis semanas después, un miércoles por la tarde, Charles detecto un gesto de preocupación en el rostro de Esther.

—¿Qué ocurre? —preguntó—. ¿Pasa algo malo?

Su esposa dudó antes de hablar.

—Bueno... es que... odio tener que decirte esto, pero solo nos queda suficiente comida para la cena de hoy y el desayuno de mañana. Después no habrá nada.

—Vaya —dijo Charles—, pues tampoco tenemos dinero en el banco para comprar más.

—¿Y ahora qué? —preguntó ella.

—Oraremos —respondió él.

—¿No es un poco tarde para eso? ¿Acaso podemos esperar que Dios haga aparecer por ensalmo comida para cientos de niños?

Charles se encogió de hombros.

—No lo sé. Dios alimentó a los israelitas en el desierto, y Jesús dio de comer a la multitud con unos pocos panes y peces. Lo único que podemos hacer es orar y confiar en Él.

Esther estalló en lágrimas.

—Es tan duro. ¿Y si no funciona? ¿Y si le fallamos a Dios y a todos estos niños?

Charles cerró los ojos y levantó las manos al cielo. Estuvo quieto durante un largo rato, y luego comenzó a orar en voz alta:

—Dios, Tú nos has llamado a hacer esta obra. Tú afirmas ser un padre para los huérfanos. Solo nos queda comida para una cena y un desayuno. Tú lo sabes. Por favor, provee para nuestras necesidades conforme a tus riquezas en gloria. Amén.

Aquella noche, mientras yacía en la cama, los pensamientos de Charles giraban con preocupación en torno al ministerio al que había sido llamado. Los niños, sus niños, a muchos de los cuales había rescatado de morirse de hambre, corrían el riesgo de quedarse sin comer en su hogar. ¿Era esta el principio del fin? Pensando en estas cosas fue poco a poco quedándose dormido, mientras oraba a Dios pidiéndole que le diese fuerzas para confiar en Él.

A la mañana siguiente, Charles se dispuso con toda tranquilidad a retomar sus tareas diarias. Estaba en el patio aconsejando a uno de los niños, cuando un grupito de chicos se acercó corriendo hacia él.

—Papá, papá, hay un gran camión en la puerta y una mujer quiere hablar contigo —dijeron.

Charles estaba perplejo. No había realizado ningún pedido, ya que no les quedaba dinero.

Los niños lo acompañaron hasta la verja de entrada, donde ya estaba Esther esperándolo.

—He escuchado todo el alboroto —dijo ella—. ¿Qué sucede?.

Charles vio a una mujer de mediana edad que esperaba junto a un camión al otro lado del portón principal.

—¿Es usted el Señor Mulli? —preguntó con una sonrisa.

—Sí, lo soy —respondió Charles—. Y esta es mi esposa, Esther.

—Me alegro mucho de conocerlos —dijo la mujer—. He venido tan pronto como he podido. La semana pasada escuché a una mujer de nuestra iglesia hablar de ustedes y de todos los sacrificios que han hecho por los niños de la calle. Y ayer por la noche me estaba yendo a dormir cuando sentí que Dios me pedía que alquilara un camión y lo cargara de comida para ustedes. Espero que puedan usarla.

Charles no pudo contener una carcajada de gozo.

—¡Ya lo creo que sí! ¡Claro que podemos darle uso!

—Vengan a ver —dijo la mujer llevando a Charles y a Esther hasta la trasera del camión. Este estaba lleno de sacos de maíz, habichuelas, arroz y muchos tipos de vegetales.

Charles tomo la mano de la mujer entre las suyas y dijo:

—Muchísimas gracias desde lo más profundo de nuestro corazón. Aquí hay comida para por lo menos tres días. Ha hecho usted algo increíble por nosotros.

Los niños descargaron el camión y llevaron la comida al almacén. Antes de marcharse, la mujer entregó a Charles un sobre.

—Ha sido un gran honor —dijo—. No sabe lo emocionante que ha sido conocer en persona al famoso Señor Mulli.

Una vez que el camión se alejó de allí, Charles sacó el sobre y miró en su interior. Estaba lleno de dinero; ¡suficiente como para comprar comida para varias semanas!

Esther y Charles caminaron de regreso a la casa tomados de la mano.

—Ha sido un milagro —dijo Esther pausadamente—. Al mismo tiempo que orábamos anoche, Dios le decía a esa mujer que nos trajera comida.

—Sí —añadió Charles—. Nunca debemos olvidar que, si creemos, todo es posible para Dios.

Aquella sería una verdad a la que Charles tendría que acudir una y otra vez, a medida que iban teniéndose que enfrentar a desafíos cada vez mayores.

Capítulo 11

Altibajos

Charles y Esther se sentaron juntos en el despacho del médico esperando a que este llegase. Charles había estado en el hospital de Eldoret más veces de las que podía contar, siempre acompañando a niños enfermos, pero esta vez era diferente. En esta ocasión estaba allí como paciente, para descubrir qué era lo que le hacía estar siempre tan cansado y sediento. Al principio se había dicho a sí mismo que trabajaba demasiado. En 1995, Charles no solo tenía que conducir hasta Ndalani una vez a la semana para supervisar el estado de los niños y mantener el hogar de Eldoret en funcionamiento, sino que además había iniciado estudios en un seminario de teología. Lo había hecho porque sentía que necesitaba saber más para poder ayudar a sus niños adoptados a crecer espiritualmente. Todo el mundo le decía que no trabajara tanto, y que no era sorprendente que estuviera siempre cansado.

Cuando el médico entró en su despacho Charles pudo notar la seriedad de su mirada, mientras lo saludaba con un apretón de manos. Antes de entrar en materia, ambos intercambiaron unas cuantas generalidades sobre los niños, y luego el doctor se sentó tras su mesa y extrajo una hoja de papel del cajón de su escritorio. La examinó brevemente y luego, mirando a Charles a los ojos, anunció:

—Tienes diabetes. ¿Padece diabetes alguno de tus padres?

—No —respondió Charles intentando asimilar la noticia.

—¿Y tus abuelos?

—No, que yo sepa.

—¿Tus hijos, o tus hermanos?

—No —dijo Charles—. No sé de ninguna persona en mi familia que tenga diabetes. ¿Cómo se contrae esa enfermedad?

—A menudo va asociada al sobrepeso y la falta de forma física, pero tú estás muy en forma para ser un hombre de cuarenta y seis años. Hay ocasiones en que no sabemos cómo se produce.

El médico siguió hablando, pero Charles encontró difícil concentrase en lo que le estaba diciendo. La palabra *diabetes* resonaba en su mente. *¿Tengo diabetes? ¿Cómo puede ser eso?*, se preguntaba a sí mismo. *Estoy sirviendo a Dios, tengo a cientos de chicos que dependen de mí, ¿y tengo diabetes?* Entonces escuchó al doctor decir:

—Si no te cuidas, podríamos acabar teniéndote que amputar los pies o las piernas. El estrés es también un factor que dispara la diabetes, así que debes bajar el ritmo. Si sigues todas las instrucciones que voy a darte, te tomas a diario la medicación sin fallar ningún día y duermes mucho, lo más probable es que puedas vivir una vida prácticamente normal.

¿Qué quería decir eso? ¿Lo más probable? ¿Prácticamente normal? La vida de Charles estaba muy lejos de ser normal. Tenía muchísimas responsabilidades que atender. ¿Acaso tendría que tomárselas con más calma o, peor aun, renunciar del todo a ellas?

De vuelta a casa en el automóvil, Charles seguía aún perplejo por el diagnóstico. Esther y él permanecían en silencio, como si no tuvieran nada de que hablar, y él se sentía como si hubiera sido sentenciado a muerte. Estaba delgado, en forma, y la gente solía decirle que tenía la energía de un veinteañero. Pero eso se había acabado.

Aquella noche, Charles permaneció un rato en el patio, bajo el cielo estrellado, preguntándole a Dios:

—¿Cómo me ha podido pasar esto a mí? Tengo tanto que hacer, tantas cosas que me has dado para que haga, y ahora tengo también una enfermedad que me obliga a bajar el ritmo, quizá incluso a detenerme. El médico ha mencionado el peligro de que me tengan que amputar las piernas. ¿Es ese mi futuro? ¿Cómo podré cuidar de los niños si no tengo piernas?

Charles siguió orando, centrándose en todos los problemas que podía ocasionarle tener diabetes. Después dejó de orar y esperó. Solo tenía preguntas, ninguna respuesta, ninguna certeza, ninguna garantía de cómo terminaría todo aquello. *Te encuentras ante una encrucijada*, se dijo a sí mismo. *Puedes darle la espalda a Dios y negarte a creer en su amor porque ha permitido que tengas diabetes, o puedes confiar en Él, independientemente de las circunstancias. ¿Qué camino vas a escoger?*

De repente, le vino a la memoria un versículo de la Biblia que solía citar a los chicos cuando estos se metían en líos: «Fíate de Jehová de todo tu corazón, y no te apoyes en tu propia prudencia. Reconócelo en todos tus caminos, y él enderezará tus veredas».

—Sí, eso es lo que voy a hacer, Señor —dijo simplemente Charles—. Confiaré en ti. Te entregué mi cuerpo, mi familia, mis posesiones y todo lo que tengo. No voy a pedirte ahora que me lo devuelvas. Estoy en tus manos.

Por primera vez aquel día Charles se sintió en paz. Sí, era difícil tener diabetes, pero sabía que Dios seguía teniendo el control de su vida.

Charles comenzó a tomar su medicación siguiendo a pies juntillas las indicaciones de su médico. Gracias a ello, el cansancio extremo que había experimentado desapareció, aunque todavía tenía que asegurarse de dormir el suficiente número de horas. El 31 de diciembre de 1995, coincidiendo con el traslado de doscientos veinte niños de entre segundo y séptimo grado desde Eldoret a Ndalani, volvió a sentirse con plenitud de fuerzas. Charles y Esther se mudaron con ellos, dejando el cuidado de los niños que se quedaban en Eldoret en manos de un grupo de colaboradores de confianza. En los dieciocho meses que habían pasado desde el culto de dedicación del terreno de Ndalani, el equipo de diecisiete chicos y sus profesores había trabajado duro para desbrozarlo y levantar los primeros edificios. Charles estaba orgulloso del esfuerzo que habían realizado, especialmente sabiendo que muchos días habían tenido que soportar temperaturas de casi cuarenta grados centígrados (cien grados fahrenheit). Los chicos nunca habían tenido que soportar temperaturas tan altas, ya que procedían del clima templado de Eldoret. Algunos días, esa temperatura incluso se había superado dentro de los edificios que tenían el tejado de hojalata corrugada. Pero ellos y sus supervisores habían seguido trabajando y ahora los demás niños llegaban para disfrutar del fruto de su labor.

La vida en el nuevo hogar de Ndalani vino acompañada de algunas incomodidades. No tenían electricidad y todo el agua había que traerla desde el río Thika. A pesar de ello, el futuro parecía esperanzador para la Familia de los Niños Mully, o eso pensaba Charles, hasta que surgieron nuevas dificultades.

Poco después de mudarse a Ndalani Charles recibió con sorpresa una citación para comparecer ante el jefe de la tribu Kamba, el mismo hombre al que había pedido que juzgara a su padre por sus delitos. Charles se reunió con él en un cuarto pequeño y oscuro del centro de la ciudad. El jefe fue directo al grano:

—Estoy muy decepcionado contigo, Charles Mulli —dijo.

—¿Cómo es eso? —preguntó Charles.

—Has traído criminales a nuestra tierra, y no solo criminales, sino criminales de otras tribus. He visto en la ciudad a chicos y chicas de las tribus Masai, Luo y Luhya. Eso no puede ser. Sabemos de dónde vienen y de lo que son capaces. Son pandilleros, ladrones y pequeños criminales. ¿En qué estabas pensando cuando los trajiste aquí?

—A alguna parte tienen que ir —respondió Charles.

—Sí, pero no aquí. Tú eres un hombre rico, un pilar de nuestra comunidad. Cuando oímos que regresabas a Ndalani pensamos que traerías tu riqueza contigo para ayudar a esta comunidad, pero en lugar de ello nos has traído más problemas —le replicó el jefe.

—Puede que en el pasado los chicos fueran lo que tú dices, pero ya no son así. Han cambiado —dijo Charles.

El jefe hizo un gesto de burla.

—Eso no lo sabes. Ninguno de nosotros puede saberlo. La gente está muy enfadada, no quieren a gente de otras tribus en su tierra. Van a expulsarte. Te he llamado para que estés avisado, deberías marcharte ahora mismo.

—No vamos a irnos a ninguna parte. Los niños necesitan un lugar donde vivir y sabrán comportarse —dijo Charles.

—¿Puedes garantizarme eso? —preguntó el jefe.

—Sí —respondió Charles—. Me hago personalmente responsable de cualquier problema en la ciudad que puedan causar los chicos.

—Muy bien —dijo el jefe—. Se lo comunicaré a la gente y ya veremos qué dice.

—Gracias. Ya verás, estos chicos van a ser una bendición para todos nosotros.

—No creo que eso sea posible —dijo el jefe mientras se levantaba para marcharse.

Tal y como había dicho el jefe, la gente les puso las cosas difíciles a los chicos, pero gracias a Dios no los expulsaron de la ciudad.

En Eldoret los chicos habían asistido a la escuela organizada por Charles, pero ahora, en Ndalani, él pretendía que las cosas pasaran al siguiente nivel. En Kenia, a no ser que los estudiantes se hubieran graduado en una escuela reconocida por el Estado, no se les permitía presentarse a los exámenes oficiales. El primero de esos exámenes oficiales tenía lugar al finalizar el octavo curso, y si un estudiante lo suspendía no podía ir al colegio secundario. Al finalizar la secundaria había otro examen, en el cual el estudiante tenía que sacar buenas notas si quería ir a cualquier universidad o instituto técnico. Charles pensó que sería tarea fácil conseguir que el estado reconociera a la escuela de Ndalani, a fin de que los niños de octavo curso pudieran presentarse al examen oficial al finalizar el año escolar, pero pronto se daría cuenta de que no era así.

El distrito escolar de Machakos tenía registradas 940 escuelas, integradas en su totalidad por alumnos de la tribu Kamba. Cuando Charles fue a registrar la suya, los funcionarios del distrito no le dejaron hacerlo. Le explicaron que era imposible educar a los niños de la calle y que si registraba su escuela y los niños hacían los exámenes oficiales, sus resultados harían descender la media de todo el distrito escolar.

Charles sabía que aquello no tenía sentido. Entre sus estudiantes estaban algunos de los chicos más listos que había conocido nunca; solo necesitaban una oportunidad. Discutió con las autoridades escolares del distrito, pero estas se empecinaron en su posición.

—Las escuelas del distrito escolar de Machakos solo permiten la educación de niños de la tribu Kamba —le dijeron directamente.

La actitud inflexible de los funcionarios dejó a Charles muy sorprendido. No había duda de que los niños de la calle tenían derecho a ser educados, así que no iba a aceptar un no por respuesta. Gran parte de las posibilidades de rehabilitación de los niños pasaba por la esperanza de una buena educación. Charles escribió al Ministro de Educación en Nairobi y le pidió que su escuela fuera registrada. Esperó y oró por una respuesta positiva. Pasó una semana, y después otra, Charles estaba cada vez más preocupado, hasta que, tan solo siete días antes de que terminará el plazo de registro estatal de ese año escolar, recibió una carta del Ministro de Educación citándolo a entrevistarse con él. Charles sintió un gran alivio; no obstante, la reunión se fijó para solo tres días antes de la fecha de finalización del plazo de registro.

Toda la Familia de los Niños Mully se puso a orar para que las cosas salieran bien. A Charles le animó saber que el Ministro de Educación no era de la tribu Kamba. Quizá eso lo ayudara a ver la situación con más objetividad.

El día de la reunión, Charles condujo hasta el Ministerio de Educación en Nairobi. Al entrar en el despacho del ministro, Kalonzo Musyoka sonrió y le estrechó la mano. Era un buen comienzo, Charles le devolvió la sonrisa.

—Cuénteme su problema —dijo el ministro.

—No me permiten registrar mi escuela en el distrito escolar de Machakos. Tengo a doscientos cuarenta niños matriculados. Ya han aprendido muchas cosas y desean continuar con sus estudios. Algunos de ellos son alumnos muy brillantes. Veintiuno cursan su último año de primaria y pronto podrían presentarse al examen oficial de ingreso en la secundaria.

El Ministro de Educación frunció el ceño.

—¿Y por qué no permiten el registro de su escuela? —preguntó.

Charles dudó. No quería crearles problemas a los funcionarios del distrito de Machakos, ya que tendría que trabajar con ellos en el futuro y no deseaba complicarse las cosas.

—No estoy seguro. Tendría usted que preguntárselo a ellos —respondió.

El ministro descolgó el teléfono y pidió a su secretaria que lo comunicase con el director de educación de Machakos.

Aunque Charles solo podía oír la mitad de la conversación, resultaba evidente que al ministro no le había gustado nada que el distrito escolar denegara el registro de la escuela de Charles. Su voz se alzó hasta casi convertirse en un grito mientras reprendía a los oficiales del distrito por no ser imparciales, ordenándoles que registraran la escuela para el año venidero. Eso era todo lo que Charles pedía. Ahora sus estudiantes podrían demostrar a los funcionarios del distrito que su participación no bajaría la nota media del conjunto de las escuelas.

Una vez que logró registrar oficialmente la escuela, Charles decidió trasladar al resto de los niños de primaria de Eldoret hasta Ndalani. En Eldoret se quedaron setenta niños de edades comprendidas entre cero y siete años, junto con un grupo de colaboradores.

Charles comenzó también a hacer planes para que sus estudiantes pudieran seguir educándose allí mismo después del octavo curso. En Ndalani no había un instituto al que enviarlos, por lo que necesitaba su propio colegio de secundaria. Por supuesto, montar un colegio secundario era una tarea muy difícil. Para ello necesitaría profesores con licenciaturas en cada una de las distintas asignaturas, construir más

edificios, adquirir material científico para los labora-
torios, comprar libros de texto y muchas cosas más.
No obstante, a medida que oraba por ello, acabó con-
venciéndose de que Dios abriría las puertas para que
la Familia de los Niños Mully (MCF, por sus siglas en
inglés) pudiera construir un colegio en el terreno de
Ndalani.

Charles pidió a dos de sus mejores maestros de
primaria, que también estaban acreditados para ser
profesores de secundaria, que se incorporaran a su
nuevo proyecto y les pidió que comenzaran a investi-
gar cómo llevarlo a la práctica. Pronto se incorpora-
ron al grupo tres nuevos profesores. Tras meditarlo
bien, le propusieron un plan que estaba en total sin-
tonía con sus propias ideas. Los chicos se pondrían
manos a la obra, utilizando sus habilidades para la
carpintería, la soldadura y el trabajo con los meta-
les para ayudar a construir el edificio del instituto.
Uno de los profesores, que enseñaba dibujo técnico,
trazó los planos de una serie de edificios sencillos de
bloques de cemento y con mucha ventilación, que
mantuvieran frescos a los estudiantes durante los
días calurosos de verano. Conforme a los planes,
los chicos comenzaron a hacer ventanas, puertas y
portones para los nuevos edificios. Otros calculaban
cuanto cemento, argamasa, bloques y piedras serían
necesarios, junto con los materiales para el techo y
los elementos de madera. Lo único que les faltaba
era el dinero necesario para comprar los materiales
de construcción.

Charles convocó a una reunión a los trescientos
estudiantes y treinta maestros de primaria que en
ese momento vivían en Ndalani.

—Estoy aquí para comunicarles que dentro de un año, en 1997, Dios nos habrá dado nuestro propio colegio —dijo con gozo—. ¿Alguno de ustedes ve aquí un colegio? —añadió señalando al espacio vacío que había a su izquierda.

Los niños negaron con la cabeza

—¡No puedo oírlos! —gritó Charles—, ¡así que tendré que preguntarles otra vez! ¡¿Alguien ve aquí un instituto?!

—¡No! —exclamaron los niños.

—Yo tampoco, todavía no. Pero pronto habrá uno, porque Dios nos va a dar nuestro propio colegio. Los chicos mayores han trabajado duro para llegar a octavo. Lo próximo que van a hacer es ir a nuestro colegio. Dios ya les ha dado un papá y una mamá, comida, ropas y una cama. Lo siguiente que les va a proporcionar es un lugar donde poder estudiar la secundaria.

Los niños comenzaron a vitorear.

—Cantemos y agradezcámosle a Dios lo que va a hacer por nosotros —dijo. Todos cantaron varios coritos y Charles dio por finalizada la reunión.

Al cabo de unos días, las noticias de que la MCF planeaba construir un colegioo se extendieron por todas partes. Empezaron a llegar donativos para el proyecto procedentes de personas de varios países. Con cada nueva aportación, el proyecto iba avanzando un poco más.

En enero de 1997, salieron los resultados de los exámenes nacionales estandarizados de los estudiantes de octavo curso. Charles y Jacob Otieno, su mano derecha en Ndalani, se quedaron mirando fijamente el sobre cerrado. Se preguntaban si los niños de la calle habrían bajado la media de las calificaciones del distrito, tal y como todo el mundo temía. Charles respiró profundamente y rasgó el sobre. Al contemplar los resultados sintió que se le ponía la carne de gallina y después le pasó el papel a Jacob.

Jacob leyó los resultados y miró fijamente a Charles.

—Dios ha hecho grandes cosas —dijo casi en un susurro—. Esto es increíble.

Y lo era. La escuela de la Familia de los Niños Mully había quedado la primera entre las novecientas cuarenta escuelas del distrito de escolar de Machakos, mejorando en mucho a cualquiera de las demás escuelas locales.

—¿Puedes creerlo? —preguntó Jacob—. ¡Nuestros chicos son los mejores del distrito y deben de estar entre los mejores de todo Kenia!

Charles empezó a reír.

—Han trabajado duro. Todos hemos trabajado duro. Les ofrecimos una oportunidad y la han aprovechado. Estoy muy orgulloso de ellos.

Aquella noche, toda la familia de Ndalani se reunió al aire libre tras la cena para conocer los resultados y escuchar las felicitaciones de Charles a los estudiantes de octavo curso, que tan bien lo habían hecho. Por entonces, Charles ya sabía que su escuela había quedado entre las cien mejores del país. Todos bailaron de júbilo hasta que el polvo que había bajo sus pies formó una nube roja alrededor de ellos.

Durante las semanas que siguieron muchos de los habitantes de los alrededores de Ndalani fueron a preguntar Charles si podían inscribir a sus hijos en la escuela de la Familia. Qué gran cambio se había producido respecto a lo ocurrido tan solo poco más de un año, cuando la gente de la zona le había amenazado con expulsarlo a él y a los niños. Charles no podía admitir a todos los que solicitaban una plaza, pues su propósito consistía en atender a los más necesitados. No obstante, accedió a inscribir a sesenta niños del lugar, huérfanos que vivían con familias de acogida. El colegio no cobraba nada y los niños se iban a dormir a su casa por las noches. Aquello supuso una gran satisfacción para Charles, pues sabía lo mucho que habría significado para él que cuando era niño le hubieran ofrecido un colegio gratis y alentado a estudiar.

A finales de enero de 1997, cerca del inicio del nuevo año escolar, el instituto se encontraba plenamente operativo. A medida que avanzó el curso los niños de primaria y secundaria no solo continuaron brillando en sus estudios, sino que también se esforzaron en las actividades musicales y deportivas, y comenzaron a destacar en ellas. Varios coros de la MCF participaron en competiciones, y también lo hicieron los equipos de karate. La MCF empezó a ganar trofeos tanto locales como de las competiciones de la división escolar. Los estudiantes de la MCF también ganaron el premio de la feria de ciencias del distrito de Yatta, por el desarrollo de un nuevo tipo de pienso para animales producido con soja cultivada en los terrenos de Ndalani. También compitieron en las finales de la feria nacional de ciencias. Cada nuevo logro era celebrado por los niños con cánticos y danzas, y dando gracias a Dios por sus victorias.

Capítulo 12

«Lo que ha hecho usted es impresionante»

Durante el transcurso de 1997, Charles tuvo que enfrentarse a un problema desalentador, la falta de agua potable en Ndalani. Todo el agua que utilizaban procedía del río Thika, que atravesaba la propiedad. Los nuevos niños que llegaban solían tener dificultades para adaptarse a ella. Algunos enfermaban a causa de los diferentes parásitos que contenía. Pero al llegar octubre la calidad del agua se convirtió en un problema muy serio, cuando dos chicos enfermaron y fueron diagnosticados de fiebre tifoidea. Un análisis del agua del río demostró que esta era la culpable.

Charles no sabía qué hacer. Más de trescientos niños bebían agua contaminada y él ignoraba cómo solucionar el problema. Seguían sin tener electricidad, ya que en las proximidades no había ninguna red eléctrica a la que conectarse, así que si hubieran tenido dinero para construir una planta purificadora de agua, tampoco habrían podido suministrarle energía para que funcionara. Los ancianos del lugar le informaron de que la zona carecía de aguas subterráneas que pudieran extraerse mediante pozos. Estaban seguros de ello, porque durante años mucha gente había probado a excavar pozos para extraer agua, pero nadie había tenido éxito. Consciente de ello, pero deseando hacer algo que cambiara la situación, Charles contrató a un equipo de Nairobi con una máquina perforadora para que fueran al terreno de Ndalani y vieran lo que podían hacer. El equipo horadó el terreno en dos puntos, haciendo agujeros de sesenta metros (doscientos pies) de profundidad, pero no encontró nada. El jefe del equipo de perforación negó con la cabeza y dijo a Charles:

—Esta zona está más seca que un hueso. Esta usted desperdiciando su dinero. Ahí abajo no hay agua.

Mientras tanto, el estado de los dos niños con fiebre tifoidea se hizo crítico. Charles fue a visitarlos al hospital y oró por su curación, pero no funcionó. Ambos niños murieron. Cuando murió el segundo niño Charles se encontraba con él en la habitación del hospital. Al ver a su hijo adoptado yaciendo sin vida en la cama, supo que ya no podría descansar hasta resolver de alguna forma el tema del agua.

Charles comenzó a orar constantemente, rogando a Dios que interviniese y les proporcionara una provisión de agua limpia y fresca en el terreno.

—Señor, sé que no me has dado a estos niños y me has guiado hasta aquí para que se mueran por causa de la mala calidad del agua. Tiene que haber una solución. Te lo ruego, danos agua potable.

Charles se entregó durante tres días a la oración, pidiéndole a Dios el agua que necesitaban. Entonces, a las tres de la madrugada del cuarto día, se despertó con todos sus sentidos alerta. Podía sentir cómo se le erizaba el pelo de la nuca.

—Sígueme, y yo te guiaré hasta el agua —oyó que decía una voz. No estaba seguro de si había sonado solo en su cabeza o se había tratado de algo audible, pero el mensaje le había llegado alto y claro. Despertó a Esther y, tras tomar una lámpara de queroseno, abrió la puerta de la casa y se internó en la noche sin luna. Esther lo siguió, atándose la bata al andar.

Charles caminó en línea recta, luego giró a la izquierda y se detuvo.

—Aquí hay agua —le dijo a Esther—. Cuando cavemos aquí encontraremos agua. Dios me lo acaba de decir. Demos gracias a Dios por habernos provisto de ella. —Tomó a Esther de la mano, oraron juntos y volvieron a la cama.

Al día siguiente, Charles anunció a los niños que sus problemas con el agua habían terminado. Había agua en los propios terrenos de la MCF, a menos de cien metros de donde se encontraban. Los niños vitorearon y bailaron, pero su alegría no duró mucho. Tras pasarse dos días cavando con picos y palas a través de las rocas, los chicos mayores acabaron agotados. Algunos se negaron a seguir cavando.

—Esto no sirve de nada —dijeron refunfuñando—. Si un equipo de perforación con grandes medios no fue capaz de encontrar agua, ¿cómo vamos a encontrarla nosotros?

Al tercer día, Dickson, el hijo de once años de Charles, pidió a su padre que se acercara al hoyo.

—Llegamos al fondo —dijo mientras ambos miraban dentro del pozo—. Hemos encontrado el lecho de roca volcánica de la que nos hablaron los perforadores. Nos dijiste que caváramos y llevamos tres días haciéndolo sin encontrar agua. Tú dijiste que Dios te había dicho que caváramos aquí. ¿Qué hacemos ahora?

Charles podía ver la confusión en los ojos de su hijo. Solo tenía una respuesta.

—Debemos seguir cavando. Dios me dijo que era aquí donde estaba el agua —afirmó.

Lentamente, Dickson descendió por el andamiaje al interior del agujero.

Una hora más tarde, Charles le oyó gritar:

—¡*Maji, maji* (agua, agua)! ¡Mamá, papá, vengan rápido!

Charles corrió hacia el agujero en compañía de algunos de los niños que, alarmados por la conmoción, saltaron de sus pupitres abandonando las tareas escolares. En lugar de llamarlos de vuelta, sus profesores corrieron tras ellos. Charles se detuvo en el borde del hoyo y miró hacia bajo. Sus dos hijos, Isaac y Dickson, tenían agua hasta los tobillos y reían jugando a salpicarse entre sí. Charles abrazó a Esther y se unió a ellos en sus risas.

—¡Dios ha respondido nuestras oraciones! —exclamó Charles con fuerza, haciéndose escuchar por encima de todos los gritos de gozo.

Los niños se congregaron alrededor del pozo y comenzaron a cantar «*maji, maji*» mientras batían palmas y bailaban. Charles y Esther se unieron a ellos. Ahora la familia tendría agua potable. Pronto el pozo estuvo preparado y cubierto, y también se construyó un depósito de agua. Al hoyo que habían hecho lo llamaron Pozo de Jacob.

No mucho después, un visitante estadounidense quedó tan impresionado con la obra realizada por la Familia de los Niños Mully que se ofreció a pagar el coste del tendido eléctrico hasta el terreno y a llevar la luz a todos los edificios. Así, en poco tiempo, los niños tuvieron agua potable y electricidad. Estas dos novedades hicieron que Charles pudiera dar paso a la segunda fase de su plan. Hasta entonces, el único trabajo agrícola que habían sido capaces de mantener era una parcela de diez mil metros cuadrados (dos acres y medio) donde cultivaban maíz. Para arar la parcela utilizaban un par de bueyes, y Charles sabía que había llegado el momento de modernizarse.

Charles y Kaleli, su hijo de diecisiete años, se recorrieron de punta a punta el terreno de Ndalani soñando con todo lo que podrían plantar. Finalmente, Charles se decidió por un gran huerto. El proyecto le permitiría dar empleo a algunas de las esforzadas mujeres locales. Así obtendrían comida para la Familia de los Niños Mully y, si todo salía bien, quizá incluso un sobrante para vender.

A principios del año siguiente, Kaleli empezó a asistir a la Universidad de Nairobi, donde comenzó a estudiar Administración de Empresas y Agricultura. Charles esperaba expectante la posibilidad de aprender de su hijo mayor las más novedosas técnicas agrícolas. Mientras tanto, comenzaron el proyecto de plantación de un gran huerto.

Con el problema del agua resuelto, Charles quedó sorprendido cuando otra extraña enfermedad se presentó de golpe en Ndalani. Esta se manifestaba en que algunos de los niños que enfermaban de dolencias aparentemente sencillas de tratar, como el sarampión o la gripe, eran incapaces de recuperarse del todo.

Por entonces, varios grupos de iglesias de Canadá y Estados Unidos comenzaron a enviar a equipos médicos misioneros para colaborar en la atención sanitaria de los niños y los residentes locales. Uno de los médicos que había ido a ayudar sugirió que los chicos de la MCF debían hacerse la prueba del SIDA. Doce de ellos dieron positivo. Con el fin de que recibieran un tratamiento médico especial, Charles mandó levantar un hogar para ellos precisamente donde todo había empezado, en Eldoret.

Charles hizo a los doctores muchas preguntas sobre el SIDA y aprendió todo lo que pudo acerca de esa nueva amenaza. La información que le dieron le preocupó mucho. Se dio cuenta de que millones de keniatas se encontraban en riesgo de contraer el SIDA, pero nadie les hablaba de ello. Charles hizo algunos gráficos explicativos y empezó a visitar escuelas, iglesias y reuniones vecinales para educar a la gente en cuanto a esa enfermedad y cómo protegerse de ella. Después capacitó a dos trabajadores sociales para que continuaran su labor.

A pesar de la triste noticia de que varios de los niños tenían SIDA, también había cosas positivas que celebrar. En 1999, los chicos del instituto consiguieron acceder al campeonato regional de fútbol. Sesenta chicos, acompañados por cinco profesores, fueron hasta el lugar de la competición en un gran trailer remolcado por uno de los tractores de la MCF. Charles fue a despedirlos y a desearles buena suerte.

Tres días después, mientras se encontraba de visita en Eldoret, Charles recibió encantado la llamada telefónica que le anunciaba que los chicos habían ganado el campeonato, imponiéndose a los otros ciento veintitrés institutos participantes. Aquello fue una gran inyección de ánimo para él. Por un momento, imaginó la sorpresa de los demás colegios al constatar que ese variopinto grupo de chicos de muchas tribus diferentes había logrado, trabajando juntos, ganar el campeonato regional. Ojalá el éxito de la MCF fuera el empujoncito que necesitaran las demás escuelas para aceptar también a estudiantes de otras tribus.

Sin embargo, no fue eso lo que sucedió. Charles recibió una llamada de Jacob contándole que los niños habían sufrido una emboscada en su camino de regreso a Ndalani. Unos doscientos chicos de dos colegios cercanos habían cortado la carretera con piedras, obligando al tractor a detenerse. Y cuando los chicos de la MCF bajaron del remolque para retirarlas, los habían atacado con cuchillos y piedras. Charles pudo imaginarse la escena, los chicos del MCF no solo estaban en perfecta forma física, sino que además estaban experimentados en peleas callejeras y tenían un notable conocimiento de karate.

—Aunque los atacantes los superaban tres a uno en número, nuestros chicos los arrollaron —le informó Jacob—. Cuando llegó la policía varios de los atacantes estaban malheridos y el resto había huido. Ninguno de nuestros chicos sufrió daño alguno.

Charles no sabía qué decir. Le llenaba de orgullo que los chicos hubieran vencido el campeonato de fútbol, y también se sentía orgulloso de que estuvieran suficientemente preparados como para rechazar a sus atacantes, pero no le gustaba que usaran sus conocimientos de karate para dañar a nadie.

Tras la llamada telefónica, Charles subió a su auto para recorrer las seis horas de distancia que separaban Eldoret de Ndalani y así poder hablar con ellos. Era difícil saber qué decirles, y mientras conducía iba rogándole a Dios sabiduría. No quería que la pelea ensombreciera la extraordinaria gesta deportiva de los chicos. Tenían derecho a sentirse orgullosos de su éxito. Cuando llegó a Ndalani, los sesenta muchachos que habían sido atacados se reunieron para escuchar lo que Charles tenía que decirles.

—¿Hicimos bien en defendernos? —preguntó uno de ellos— Creo que le rompí el fémur a uno de ellos. ¿Hice bien?

Charles se dio cuenta de que realmente parecían tener un conflicto interior.

—Estoy orgulloso de que ya no sean la clase de chicos que va por ahí buscando pelea —les dijo—. Jesús ha cambiado sus corazones y ahora aman al prójimo. Pero ayer pelearon. Comprendo que fueron atacados por doscientos muchachos que amenazaban con matarlos, así que tenían derecho a defenderse y salvar sus vidas. Ustedes saben que debemos responder con mansedumbre siempre que podamos. Necesitamos perdonar y encontrar la manera de reconciliarnos con aquellos que quieren luchar con nosotros, pero entiendo que no tuvieron tiempo de hacerse esas consideraciones, así que me alegro de que ninguno de ustedes haya salido herido.

Charles hizo una pausa y se maravilló al considerar la situación. Ante él tenía a un grupo de chicos que habían sido pandilleros y niños de la calle, y allí

estaban, luchando con el conflicto que les creaba
tener que pelear para defenderse de un ataque. En
el pasado, una situación así jamás les habría plan-
teado dudas. Todos ellos habían recorrido un largo
camino desde su integración en la Familia de los Niños Mully.

—¡Déjenme ver su trofeo! —exclamó Charles lu-
ciendo su mejor sonrisa—. Y felicidades, son ustedes
los mejores jugadores de fútbol del distrito. Quizá
algún día varios de ustedes jueguen en la selección
nacional de Kenia. Me gustaría estréchales la mano
a todos para felicitarles por un trabajo bien hecho, y
después, si no me equivoco, creo que tenemos una
fiesta preparada en su honor.

Los chicos se pusieron a vitorear.

En 1999, el huerto de la MCF produjo una abun-
dante cosecha. Gracias al aporte continuo de agua
y a la electricidad que permitía accionar las bombas
de aspersión, pudieron dedicar cada vez más y más
tierra al cultivo de vegetales. Ese año recogieron to-
mates, coles, repollos y sandías.

Charles estaba tan orgulloso de la calidad de los
productos de su huerta que llevó una muestra a un
funcionario en Nairobi para preguntarle si podrían
exportar a Europa una parte de su producción. El
mayor beneficio económico que podía obtenerse del
cultivo de vegetales estaba precisamente en su exportación a otros países. El funcionario quedó tan
impresionado al ver la calidad de lo que habían
cosechado que fue a Ndalani a comprobarlo por sí
mismo.

—Como usted sabe —le dijo el funcionario a
Charles durante su visita—, lo que más dinero da
es el cultivo y la exportación de habichuelas verdes.

Hasta ahora solo grandes compañías han logrado hacerlo, debido a las regulaciones tan estrictas que hay que cumplir, pero si usted consiguiera de algún modo cumplir los nuevos requisitos de la Unión Europea para el cultivo y transporte de productos agrícolas, podría ganar un montón de dinero para ayudar al sostén de los niños.

Charles pidió una copia de la normativa de la Unión Europea y comenzó a leérsela. Cultivar habichuelas verdes y exportarlas a Europa constituía un desafío impresionante. Había reglas para todo: para plantar, para fertilizar, para regar, para recoger, para empaquetar y para enviar. Charles y el equipo encargado de las tareas agrícolas se reunieron para ver cómo cumplir toda la normativa.

Las habichuelas verdes resultaron ser un cultivo muy complicado, pero, con el tiempo, el equipo de la MCF llegó a dominar el arte de hacerlo y sintieron que habían logrado cumplir con todos los requisitos necesarios para su exportación. Charles decidió que había llegado el momento de pasar la inspección del *EurepGAP*, una sociedad global dedicada a promover la agricultura inocua y sostenible. Un grupo de auditores del EurepGAP procedentes de Países Bajos, fue a Ndalani a pasar un día entero inspeccionando todo el proceso de cultivo de las habichuelas verdes. Cuando terminaron su inspección se reunieron con Charles y el auditor jefe le entregó un gran montón de papeles.

—Han hecho algunas cosas bien, pero no muchas —dijo sin rodeos—. Su puntuación global es del diez por ciento.

Charles quedó tan conmocionado que no supo qué decir.

—Aquí tiene la lista de violaciones del reglamento —prosiguió el auditor—. Su mayor problema es la falta de documentación, pero también incumplen muchas otras reglas. Utilizan pesticidas no autorizados por el EurepGAP, y su sistema de irrigación no cumple nuestros estándares. Puede intentar corregir los problemas, pero va a ser complicado que un emprendimiento de su tamaño llegue alguna vez a cumplir nuestros requisitos. Para comprender realmente lo que buscamos necesitarían ustedes ser una compañía con sede en Europa.

—Gracias —masculló Charles mientras cogía el informe—. Quiero saber cómo hacerlo mejor.

Aquella noche, durante la cena, Charles compartió las malas noticias con Esther y algunos de sus hijos biológicos.

—No es un buen resultado —les dijo—. No puedo recordar haber tenido un logro del diez por ciento en ninguna iniciativa que haya emprendido. Lo más sencillo sería rendirnos, pero hemos enseñado a los niños a no hacerlo jamás, sino aprender de sus errores y seguir intentándolo, y eso es lo que vamos a hacer. Dedicaremos esfuerzo y perseverancia a esta tarea hasta que la dominemos. Aquí hay mucho en juego. Cuando consigamos el certificado, obtendremos mucho dinero por nuestras habichuelas verdes. Eso nos permitirá contratar a más mujeres que necesitan trabajo y tendremos más recursos con los que mantener a los niños. Así que este es el momento de perseverar y no rendirnos.

Era más fácil decirlo que hacerlo. Charles y el equipo de la MCF tenían que conseguir los pesticidas adecuados, educar a sus trabajadoras sobre cómo cortarse las uñas y sujetarse el cabello, rehacer por completo todo el sistema de tuberías y juntas del sistema de irrigación, y mejorar enormemente todo el sistema de documentación y recogida de datos.

Un mes más tarde, Charles pidió a los auditores del EurepGAP que regresaran para realizar una nueva inspección. Una vez más, estos dedicaron todo el día, sujetapapeles y bolígrafo en mano, a escribir, tomar mediciones y hacer muchas preguntas. Al final del día, el auditor jefe fue a hablar con Charles.

—Muchas granjas pequeñas como la suya solicitan el certificado de exportación. Es algo muy difícil de conseguir, ya sabe lo estrictas que son nuestras políticas.

Charles le miraba, intentando descifrar lo que aquel hombre quería decir, pero no lograba leer en su rostro una respuesta.

—Aquí tiene nuevamente los resultados —dijo el auditor entregándole a Charles otro taco de documentación—. Estoy muy impresionando y me alegra poder decirle que esta vez ha logrado un noventa y ocho por ciento. Con este resultado puede usted exportar sus habichuelas verdes a Europa —dijo, y asintiendo con la cabeza añadió—: Lo que han hecho aquí es realmente excepcional. Nos gustaría invitar a otros granjeros para que puedan ver lo que han logrado, así podrían aprender mucho de ustedes.

Charles sintió que una enorme sonrisa le llenaba el rostro.

—Sí, sí, por supuesto. Nos encantará enseñar nuestro trabajo a cualquiera que desee aprender. ¡Muchas gracias!

Aquella noche, toda la Familia de los Niños Mully estuvo de celebración. Juntos habían perseverado y vencido.

A medida que fue avanzando el año, la familia tuvo otros motivos de celebración. Visión Mundial Internacional concedió a Charles el premio Robert Pierce en reconocimiento a su extraordinario trabajo humanitario y servicio cristiano en favor de los pobres. Para decidir el ganador del premio, habían tenido en cuenta la dificultad de la situación solucionada, la calidad del programa de ayuda y el número de personas beneficiadas. Por entonces, entre Ndalani y Eldoret, la Familia Mully tenía ya casi quinientos niños acogidos y Charles seguía buscando más niños en situación desesperada que necesitasen ayuda.

Capítulo 13

Hundidos en la violencia

Era el año 2001, Charles descolgó el teléfono que sonaba.

—Hola —dijo una voz al otro extremo de la línea—. Quizá no se acuerde de mí. Me llamo Duma y el año pasado fui a visitar a su familia en Ndalani, coincidiendo con el día del sector agrícola.

—Sí, por supuesto que me acuerdo de usted. ¿Qué tal le va? —respondió Charles.

—Muy bien, gracias. Me quedé impresionado con lo que vi durante la visita, y no fui el único. Resulta que tengo ochenta hectáreas de terreno en el distrito de Yatta, a doce kilómetros en línea recta al suroeste de su terreno de Ndalani. Está en la carretera principal y a unos diez kilómetros del parque nacional. Quiero vender la mitad del terreno. ¿Estaría usted interesado en comprarlo? Quisiera quedarme con la mitad de la parcela, pero deseo desprenderme de la otra mitad.

—Sí, me interesaría mucho, pero en este momento no tenemos dinero. ¿Podría usted llamarme dentro de dos semanas, para que tratemos más a fondo el asunto?

—Sin duda —accedió Duma.

Al colgar el teléfono, Charles oró:

—Padre, Tú conoces nuestras necesidades. Sabes que hace tiempo que quiero conseguir un lugar separado donde alojar a las niñas de la calle embarazadas o con niños pequeños. El terreno que me acaban de ofrecer parece ideal. Por favor, dime qué debo hacer.

Aquella noche habló con Esther del tema. A ella le brillaban los ojos mientras imaginaba todas las posibilidades.

—Piensa en ello por un momento, Charles. Está cerca de Ndalani, pero no demasiado. Muchas niñas de la calle sienten la tentación de volver a sus viejas vidas, así que es bueno que el terreno esté en un lugar retirado.

Ambos charlaron del tema hasta bien entrada la noche, soñando con los programas que pondrían en marcha para enseñar a las chicas a ser buenas madres; a aprender oficios, como peluquería, carpintería, contabilidad, confección de ropa; y a aprovechar los programas de microcréditos.

Aquella misma semana, Charles recibió un correo electrónico de un hombre en Canadá que deseaba permanecer anónimo y que quería donar dinero a la MCF, una cantidad lo suficientemente grande como para cubrir el cuarenta por ciento del coste del terreno de Yatta. Charles le respondió preguntándole si podía invertir el dinero en la adquisición de una propiedad destinada a ayudar a las niñas de la calle y a sus hijos. La respuesta fue afirmativa, y Charles dejó escapar un grito de gozo. En su deseo de comprar el terreno de Yatta, estaba seguro de estar en la senda correcta, la senda de Dios, así que llamó al propietario y le ofreció una señal por la propiedad. Pronto llegaron a un acuerdo, y los trabajos en Yatta comenzaron de inmediato.

Charles quería construir lo más rápido posible el nuevo hogar para las niñas de la calle. Los trabajadores voluntarios y el dinero fluyeron con facilidad. Iglesias de todos los lugares del mundo enviaron donativos para ayudar a pagar el coste de la parcela y comprar los materiales de construcción necesarios para edificar las salas de clase, los dormitorios y un comedor. Cada vez que iba a ayudar en las tareas de construcción, Charles oraba por las chicas que pronto se mudarían allí desde Ndalani.

Un año después, en el 2002, Charles recibió de Visión Mundial el galardón «Angel de esperanza», concedido en parte por la labor realizada para las niñas de la calle en Yatta.

Al año siguiente, Duma, el anterior propietario del terreno de Yatta, fue a visitar a Charles para ver lo que estaba haciendo con la tierra. Se quedó tan impresionado con la labor realizada por los trabajadores sociales y profesores de la MCF entre las niñas de la calle embarazadas o con niños pequeños, que decidió donar a Charles las cuarenta hectáreas de terreno que se había reservado para sí mismo. Aquel donativo no pudo llegar en mejor momento; Charles tenía grandes planes para Yatta, y con ochenta hectáreas podría hacer incluso más cosas.

Para entonces la producción de habichuelas verdes de Ndalani se encontraba a pleno rendimiento, y se recogían una media de ochocientos kilos de producto al día. La mayoría de las habichuelas se exportaban a Francia. En el 2003, un empresario australiano llamado Teagan Jones fue a visitar la propiedad de Ndalani. Durante el almuerzo, miró fijamente a Charles y le preguntó cuál sería su próximo paso.

—Un invernadero —respondió Charles—. Un gran invernadero de más de una hectárea de extensión, un lugar donde podamos cultivar durante todo el año. Aquí las habichuelas verdes maduran en unas seis semanas. Con un invernadero podríamos conseguir ocho cosechas al año y mantener empleadas a nuestras trabajadoras sin interrupción. También nos ayudaría a mantenernos sin necesidad de ayuda exterior, que es algo que deseamos mucho.

—De acuerdo, Charles, lo haré. Tendrás tu invernadero —dijo Teagan.

Charles no estaba seguro de qué responder. Teagan sonrió y continuó diciendo:

—Pon por escrito los detalles y envíamelos, y yo me encargaré de que tengas el mayor invernadero que jamás hayas visto. Podrás cultivar todas las habichuelas verdes que quieras o cualquier otra cosa que desees cultivar.

—Eso costará un montón de dinero —dijo Charles.

Teagan rió.

—Bueno, tú tienes un montón de niños que atender, ¿verdad? Así que supongo que no te vendrá mal un poco de ayuda.

Charles también rió.

—Gracias —dijo—, no sabe cuánto significa esto para nuestra familia.

A finales de ese año, otro empresario, esta vez canadiense, se ofreció a pagar la instalación de invernaderos también en Yatta. De nuevo, Charles vio en ello la posibilidad de proporcionar más empleos a las mujeres del lugar y conseguir, gracias a las cosechas, ingresos adicionales para la siempre creciente Familia de los Niños Mully. En esta ocasión, los invernaderos ocuparían una extensión de diez hectáreas de tierra, y el agua de lluvia que cayera sobre ellos se recogería y se utilizaría para las tareas domésticas y el riego. Como parte de la instalación de los nuevos invernaderos, se construyeron cinco embalses donde almacenar los veintiún mil metros cúbicos de aguas de escorrentía[1] previstos.

Los trabajos de construcción de los nuevos invernaderos de Yatta estuvieron pronto terminados, y tantos estos como el de Ndalani no tardaron en llenarse de exuberantes hileras de habichuelas verdes y otros vegetales. Cuando el agua de escorrentía procedente de la lluvia acabo de llenar los embalses de Yatta, comenzaron también los trabajos de una piscifactoría, donde estaba previsto criar siluros y tilapias.

Charles sentía que, gracias a la ayuda de Dios, todas las iniciativas que emprendía prosperaban. Al llegar el año 2004 y cumplirse el decimoquinto aniversario de la MCF, vivían en Ndalani cuatrocientos cuarenta niños y adultos jóvenes, noventa bebés y niños pequeños en Eldoret, y cincuenta madres adolescentes y sus bebés en Yatta. La MCF también dirigía un hogar y un centro de acogida para niños enfermos de SIDA y otras enfermedades graves.

---

1   escorrentía: Agua de lluvia que discurre por la superficie de un terreno. Corriente de agua que se vierte al rebasar su depósito o cauce naturales oartificiale

Durante los tres lustros transcurridos, las vidas de mil seiscientos niños habían sido radicalmente transformadas. De hecho, la escuela de la MCF seguía siendo el colegio con mejores resultados del distrito, y varios de los niños de la primera clase en graduarse habían recibido becas universitarias y estudiaban para ser médicos, abogados o miembros del cuerpo diplomático.

Uno de los logros que más enorgullecían a Charles era la buena relación que existía entre todos sus niños. Constantemente les recordaba que eran hermanos y hermanas, independientemente de la tribu o región de Kenia de la que procedieran. Sin embargo, un día este espíritu de unidad familiar se vio seriamente comprometido.

—Papá, por favor, ven y échale un vistazo a esto —dijo Isaac llamando a su padre desde la sala de estar contigua a la habitación de Charles y Esther.

Unos instantes después, Charles, Esther, Grace, Mueni e Isaac contemplaban fijamente las imágenes que emitía la televisión:

—Kenia parece hundirse en una espiral de violencia de la que nadie está a salvo —decía el comentarista. Mientras tanto, en la pantalla se sucedían escenas de una cruenta violencia.

Aquellas imágenes eran tan crudas que a Charles le resultaban difíciles de creer. Era el 1 de enero del 2008, un día en el que el país debería haber estado celebrando el Año Nuevo junto con el resto del planeta. Cuatro días antes se habían celebrado en Kenia las elecciones más disputadas y llenas de incidentes de su historia, y el país se había sumergido en la violencia tribal.

Desde que Kenia obtuviera su independencia de Gran Bretaña en 1963, habían existido tensiones entre las tribus Kalenjin y Kikuyu cuyo origen se remontaba a mucho tiempo atrás. Tras la salida de los británicos, los colonos europeos abandonaron sus fértiles tierras de cultivo en las llamadas Tierras altas blancas del centro de Kenia y en la zona del Valle del Rift. La tribu Kikuyu, que habían obtenido la mayor parte de los escaños del nuevo parlamento del país, repartió la mayoría de estas tierras entre los miembros de su tribu. El problema era que antes de que los blancos llegaran a Kenia y se asentaran en dichas tierras, estas habían pertenecido a los pueblos Kalenjin y Masái. Tras las recientes elecciones del 2007, los comentaristas políticos acusaron al presidente, Mwai Kibaki, de haberlas amañado para que su partido, el Partido de la Unidad Nacional, o PNU por sus siglas en inglés, pudiera permanecer en el poder. Kibaki y la mayoría de los miembros de su gobierno eran kikuyus. Los representantes del partido de la oposición, el Partido Democrático Naranja, protestaron de forma airada, pero sus quejas no fueron escuchadas y el presidente Kibaki fue proclamado para un nuevo mandato, lo que disparó los disturbios en las calles de Nairobi. A partir de ahí, los incidentes violentos se extendieron rápidamente hacia el norte por el Valle del Rift.

Charles y su familia contemplaron con preocupación las imágenes que emitía la televisión de las pintadas que se hacían en los muros de las casas de los kikuyu que vivían en el Valle del Rift, con amenazas del tipo: «Abandona tu casa ahora mismo o te mataremos». Turbas formadas por adolescentes de la tribu Kalenjin se habían apropiado de las calles y

parecían dispuestas a masacrar a la población kikuyu del valle.

Pero la noticia más estremecedora de todas vino
a continuación. Un reportero de televisión anunció
que en Kiambaa, más de cincuenta mujeres y niños
kikuyu indefensos, algunos de tan solo un mes de
edad, habían sido quemados vivos mientras se encontraban refugiados en el interior de una iglesia.
Charles y Esther cruzaron sus miradas. Kiambaa
era un suburbio de Eldoret, situado a apenas unos
quince kilómetros de distancia del hogar de la MCF.

—Menos mal que ninguno de nuestros niños está
allí —dijo Esther con lágrimas en los ojos—. Dios ha
sido muy bueno al avisarnos.

—Desde luego —señaló Charles.

A Dios gracias, dos semanas antes de las elecciones Charles había ido de visita a Eldoret y se había
percatado de la creciente tensión política que se vivía allí. Mientras oraba pidiendo dirección al Señor,
había sentido que debía trasladar temporalmente a
todos los niños y profesores a Ndalani, por si acaso la situación se descontrolaba. Ahora se alegraba
de haberlo hecho. Sospechaba que los resultados de
las elecciones podían producir disturbios, pero jamás habría podido imaginar la situación en la que
se vería sumido el país.

La televisión siguió emitiendo noticias acerca de
las protestas y la violencia. Hubo informes de que la
policía estaba disparando a la gente por las calles, y
de que turbas de exaltados subían a los autobuses
para exigir a los pasajeros que mostraran su documentación. Aquellos que no pertenecían a la tribu
de los atacantes eran arrastrados fuera de los autobuses y asesinados a machetazos.

Aquello fue demasiado para Charles, que ya no pudo aguantar ver más noticias.

—Tomémonos un descanso —dijo—. Voy a dar un paseo. Tenemos que orar y pedirle dirección al Señor.

Charles se fue a pasear por la ribera del río Thika. Tenía muchas opciones que considerar respecto a cómo enfrentarse a aquella situación. Podía intentar huir con los niños que estaban en Ndalani y Yatta. La frontera con Tanzania se encontraba a unos doscientos kilómetros (ciento veinte millas). Pero, si se iban, ¿de dónde sacaría comida suficiente para alimentar a tantos niños? En aquellos momentos tenían bajo su cuidado a más de mil doscientos, ¿y qué pasaría con las trescientas personas del equipo?

A medida que oraba, el miedo que se había apoderado de él al ver las noticias de televisión fue desapareciendo, siendo sustituido por una sensación de paz y la seguridad de que todo saldría bien. Sabía que Dios protegería a los niños de Ndalani y Yatta, y comprendió que debía ir a Eldoret para ver cómo podía la MCF ayudar a las familias afectadas por la violencia que se había desatado allí.

Una hora después, regresó a casa y recibió la noticia de que habían incendiado la granja de la MCF en Eldoret junto con todos los edificios de almacenaje. Era necesario reunir a todos los niños y trabajadores del equipo y contarles lo que estaba sucediendo en Kenia.

—La violencia tribal está desgarrando el país —dijo Charles—. Todos ustedes saben que aquí pertenecemos a muchas tribus diferentes. Algunos de sus mejores amigos dentro de la familia pertenecen a tribus que en estos momentos luchan entre sí. Pero nosotros, los miembros de la Familia de los Niños Mully, formamos parte de una tribu mucho mayor, la tribu de los cristianos. Eso es lo que nos une y la razón por la que nosotros no nos peleamos, sino que nos amamos y nos servimos mutuamente. Somos una familia, ustedes son mis hijos y yo los amo a todos. Dios quiere que nos amemos los unos a los otros y que amemos a nuestros vecinos como a nosotros mismos.

A la mañana siguiente, muy temprano, Charles tuvo un tiempo de oración con su familia y luego partió hacia el aeropuerto de la ciudad. Resultaba muy peligroso conducir hasta Eldoret, a causa de las numerosas barricadas con las que las turbas habían cortado las carreteras. Además, sin un gobierno oficial al mando, el caos reinaba en el país.

Cuando Charles llegó al aeropuerto la terminal estaba muy concurrida. La gente formaba pequeños corros o caminaba en silencio con el miedo reflejado en el rostro. Era evidente que muchas de esas personas estaban tomando decisiones de vida o muerte. ¿Debían dirigirse a estar con sus familias hacia aquellas zonas donde la violencia era más intensa, o quedarse allí con la esperanza de que sus seres queridos lograran huir?

Charles caminó hasta el mostrador de la aerolínea Fly 540 y pidió un billete a Eldoret.

—Queda un asiento en el vuelo de las nueve —dijo el empleado de la compañía—. ¿Lo quiere?

—Sí, por favor —respondió Charles sacando la cartera.

Poco después subió a bordo del bimotor de dieciocho plazas para realizar un trayecto estimado en cincuenta minutos. Durante el vuelo nadie habló mucho, y los ojos de los pasajeros permanecieron fijos en el paisaje que se deslizaba bajo sus pies. Al sobrevolar la ciudad de Burnt Forest, Charles consiguió distinguir casas en llamas y gente que corría de aquí para allá, y en el horizonte se veían columnas de humo que se alzaban en la dirección en que se encontraba Eldoret.

Cuando aterrizaron, Charles agarró su maleta y se dirigió a la parada de taxis. Solo había unos pocos esperando y los conductores eran todos de la tribu Kalenjin, altos y enjutos. Caminó hacia uno de los vehículos y abrió la puerta.

—¿Podría llevarme al recinto ferial de la Sociedad Agrícola de Kenia, donde se ha levantado el campamento para nacionales desplazados? —preguntó.

El taxista asintió y Charles subió al asiento de atrás. El conductor arrancó y abandonando la parada de taxis se dirigió hacia la carretera Kitale-Cherangani. Durante el trayecto, Charles pudo ver ventanas rotas, edificios humeantes y cadáveres que yacían a ambos lados de la calle. La escena superaba cualquier cosa que hubiera imaginado. Los controles de carretera se encontraban en manos de hombres con lanzas y machetes.

Al llegar al primero de ellos el conductor se detuvo en una señal de alto. Varios hombres armados de la tribu Kalenjin bloqueaban el paso. El conductor se limpió el sudor de la frente con un pañuelo y empezó a respirar agitadamente. Está muy nervioso, pensó Charles. Yo soy el que debería estarlo. Él es kalenjin y las turbas no matan a los de su propia tribu.

El conductor intentó bajar la ventanilla del vehículo, pero movió la manivela en la dirección equivocada, aplicando cada vez más presión hasta romper un extremo. Después comenzó a girar lo que quedaba de la manivela de la ventanilla hacia el otro lado.

—Documentación —dijo uno de los hombres que estaban en la carretera, al tiempo que hacía señas con un machete ensangrentado.

El conductor temblaba como una hoja mientras buscaba la cartera en su bolsillo. Charles respiró profundamente y oró: «Dios, no dejes que me vean. Permite que pueda pasar directamente». Su apellido, Mulli, significaba que en cuanto mostrara su carnet de conducir sería identificado inmediatamente como miembro de la tribu Kamba.

El hombre del machete tomó la documentación del conductor, caminó hasta donde estaba otro hombre y se la mostró. Este la leyó y asintió.

—Está bien —le dijo el primer hombre al taxista—, puede pasar. Bienvenido.

Nadie le dirigió una sola palabra a Charles. Cuando reanudaron la marcha, preguntó al conductor:

—Allí atrás parecía usted bastante nervioso. ¿Le ocurre algo?

El conductor dejó escapar una risa nerviosa.

—Soy kikuyu. Tengo documentación falsa. Si supieran de qué tribu soy me habrían matado.

Charles quedó sorprendido, aquel hombre parecía kalenjin.

—Está usted corriendo un gran riesgo —le dijo.

—Todos lo estamos —replicó el conductor—. La muerte ronda por todas partes.

El taxi llegó al recinto ferial de la Sociedad Agrícola de Kenia, donde Charles ya había estado muchas veces para ver diferentes exposiciones y muestras. Aquel día, sin embargo, apenas reconoció el lugar. El recinto estaba repleto de tiendas de campaña de lona blanca.

Pagó al conductor, bajó del taxi y comenzó a recorrer las filas de tiendas de un lado a otro. Por todos lados había niños sentados en el barro llorando de hambre, y sus madres permanecían junto a ellos con el rostro demudado. Algunas aún llevaban sus ropas manchadas de sangre. Había adultos sollozando, pero la mayoría permanecían estremecedoramente silenciosos.

Charles se reunió con el director de la Cruz Roja, que estaba a cargo del campo, y le pidió permiso para que la MCF pudiera ayudar a los niños que vivían allí

—¿Por qué quiere usted registrarse como proveedor de ayuda? ¿Qué puede usted hacer por la gente que está aquí? —preguntó el director, que parecía estadounidense.

Charles suspiró. Sabía que lo que estaba a punto de decir parecería una locura.

—Me gustaría proporcionar comida a los niños, y profesores, de forma que puedan retomar su educación. También quiero proporcionarles material escolar; y asesoramiento, a ellos y a sus familias. Realmente lo necesitan.

El director miró fijamente a Charles.

—Sí, eso es verdad. Necesitan todas esas cosas y es maravilloso que usted las ofrezca. Pero, ¿cree de verdad que puede proporcionarles todo eso? Hay más de tres mil quinientos niños en este campamento.

—Son muchos —admitió Charles—, pero creo que es lo que debemos hacer.

—Efectivamente, nadie dice que no sea lo correcto, ¿pero puede hacerlo? —insistió el funcionario de la Cruz Roja—. Digamos que quiere alimentar a todos los niños. En este momento es muy difícil conseguir comida, y usted no es mago. ¿De dónde la va a sacar?

—Todavía no lo sé —dijo Charles—, pero no es la primera vez que confiamos en el Señor, y Él siempre provee.

—De acuerdo —dijo el director sin mucha convicción—. Dejemos esto claro. ¿Viene usted a pedirnos comida para que su organización pueda distribuirla aquí, o está diciéndome que ustedes mismos van a conseguir la comida?

—Dios proveerá la comida —dijo Charles—. Ya lo ha hecho antes por nosotros. Cuando nos la dé, la usaremos para ayudar a los niños que están aquí. Por favor, deme la oportunidad de ayudar y ya verá. Conseguiré comida caliente para todos los niños de este campamento de desplazados.

—¿Así que no nos está pidiendo dinero ni comida?

—No, por supuesto que no —respondió Charles.

El funcionario de la Cruz Roja se alejó unos pasos e intercambió unas palabras entre susurros con otros trabajadores de la organización. Después se acercó de nuevo a Charles y le dijo:

—Está bien, daré permiso a la MCF para que trabaje en el campamento, pero permítame decirle algo: si consigue usted alimentar y escolarizar a todos los niños de este campamento será un auténtico milagro.

Charles apretó la mano del director.

—Estoy de acuerdo, pero resulta que mi Dios está en el negocio de los milagros.

Aquella tarde, hacia las seis, Charles tomó el camino de vuelta al aeropuerto para el vuelo de regreso a Ndalani. Solo había estado nueve horas en Eldoret, pero el tiempo se le había hecho larguísimo. Había visto suficientes escenas horripilantes y de sufrimiento como para llenar toda una vida.

A la mañana siguiente, en Yatta, Charles convocó a los miembros de su familia biológica que se encontraban allí. Todos estaban bajos de ánimo, esperando a escuchar lo que él tenía que decirles. Les contó brevemente lo que había visto y después les dijo:

—He tomado una decisión, una que nos afectará a todos como familia. Me han dado permiso para que la MCF pueda trabajar en el campamento de nacionales desplazados, y vamos a regresar a Eldoret y hacer todo lo que podamos para ayudar a los niños que viven allí y a sus familias. ¿Están todos conmigo?

Uno a uno, todos fueron asintiendo. Primero Isaac, luego Ndondo, Mueni y Grace. ¡Cómo había cambiado la situación en veinte años! Recordó los tiempos en que había decidido empezar a trabajar con los niños de la calle y lo mucho que se habían opuesto sus propios hijos. Ahora todos ellos estaban dispuestos a arriesgar sus vidas para ayudarlo.

—Los niños del campamento necesitan el mismo tipo de ayuda que le ofrecemos a los nuestros aquí. Han pasado por un gran trauma. Muchos de ellos han visto cómo asesinaban a miembros de su familia y han experimentado una gran violencia y odio. Isaac, quiero que instales una computadora en el campamento de desplazados y la mantengas en funcionamiento. Ndondo, tú me ayudarás a comunicarme con amigos e iglesias en todo el mundo, así como con los trabajadores y los niños que se quedan aquí en Yatta y en Ndalani. Grace y Mueni estarán a cargo de las finanzas, y quiero que busquen comida, combustible, contenedores de agua y material escolar. ¿Les parece bien? —preguntó Charles.

De nuevo, todos fueron asintiendo.

La familia Mulli dedicó los siguientes dos días a preparar a un equipo de sesenta y cinco personas para trabajar en Eldoret. Los miembros del equipo recibieron entrenamiento en cómo tratar a personas traumatizadas, y ayunaron y oraron para prepararse para la tarea que tenían por delante. Una semana después del regreso de Charles a Ndalani, el equipo estaba preparado para partir hacia el campamento. Al autobús subieron no solo los miembros del equipo, entre los que estaban Charles y Esther, sino también un cargamento de comida y otras provisiones. Además, Charles lo dispuso todo para que algunos oficiales fuertemente armados de la policía keniata hicieran el viaje con ellos hasta Eldoret. Tan pronto como los policías subieron a bordo el autobús partió hacia su destino. Durante el viaje, Charles oró en silencio pidiendo a Dios que cuidara de todos ellos y los mantuviera a salvo, y también le rogó que proveyera las provisiones que iban a necesitar si querían ser de utilidad en el campamento. Tras un día de viaje, todos llegaron a salvo a Eldoret, a pesar de haber encontrado algunas barreras en la carretera y de las pandillas tribales que vieron merodeando a lo largo del camino.

Capítulo 14

Cambiar la tierra

Los sesenta y cinco miembros de equipo se alojaron apretujados en el complejo de la MCF en Eldoret que en un tiempo había sido el hogar de los Mulli. Toda la ciudad olía al humo de los incendios. La primera noche, Charles celebró una reunión especial de oración para pedir por la tarea que el grupo estaba a punto de iniciar. A continuación, urgió a todos a tener una buena noche de sueño, pues a la mañana siguiente tendrían que levantarse temprano para ir hasta el campamento de nacionales desplazados.

Al amanecer, Mueni y Ndondo comunicaron a Charles que habían visto a un grupo de hombres intentando escalar la valla del complejo. Sin embargo, antes de que lograran entrar había sonado un disparo en la calle, lo que desató un tiroteo e hizo que los asaltantes se dispersaran. A Charles no le sorprendió. Eldoret se había convertido en un lugar muy peligroso.

Tras el desayuno, el equipo cargó grandes ollas de cocina, junto con cargas de leña y alimentos, en la trasera de unas camionetas y condujo hasta el recinto ferial de la Sociedad Agrícola de Kenia, donde se encontraba el campamento de desplazados. Aunque hacía tan solo una semana que Charles había estado allí, la visión de tanta gente desesperada volvió a impactarlo. En cuanto llegaron, todos se pusieron manos a la obra.

Charles dividió el grupo en dos. Unos descargarían las grandes ollas de hierro y los alimentos, y se encargarían también del montaje de la cocina; mientras tanto, el otro grupo instalaría unas grandes tiendas de campaña que se usarían como salas de clase. Charles y Esther aprovecharon que ambos grupos trabajaban en sus tareas para pasearse de incógnito entre las hileras de tiendas de campaña, orando por sus ocupantes. En un momento dado, se detuvieron ante una tienda en particular, que estaba ocupada por una madre y su hija, y Charles se asomó a la entrada.

—¿Podemos pasar? —preguntó—. Me llamo Charles Mulli y esta es mi esposa, Esther. Estamos aquí para ver si podemos ayudarla en algo.

La mujer asintió, mientras la niña permanecía con la vista fija en el suelo.

—Gracias —dijo Charles ocupando uno de los dos taburetes que había en el interior y dejando a Esther el otro—. Nos gustaría saber cómo han venido a parar aquí —añadió con delicadeza, dando toda su atención a la mujer.

Esta abrió la boca para hablar, pero solo consiguió sollozar. Su hija, que debía de tener unos doce años, se unió a ella en el llanto. Esther y Charles esperaron con el corazón encogido a que ambas dejaran de llorar, y cuando al fin lograron recuperar algo la compostura, la mujer dijo:

—Me llamo Chinira, y soy cristiana, al igual que mi familia. Nos habíamos escondido todos en la iglesia de Kiambaa cuando comenzó el ataque. Rociaron el edificio con gasolina y luego le prendieron fuego. Mi marido escapó por una ventana y vimos como la turba lo mataba. Después mi hijo sufrió el mismo destino. Mi hija y yo logramos escapar milagrosamente.

En ese punto de la narración, la hija dejó escapar un lamento desconsolado.

—Ya pasó, ya pasó —dijo Chinira abrazando fuertemente a su hija. A continuación, volviéndose hacia Charles y Esther, añadió—: Han asesinado a mi marido y a mi hijo. No voy a preguntarle a Dios por qué, pero si pueden ustedes hacer algo para que mi hija deje de sufrir, les ruego que lo hagan.

Los cuatro permanecieron sentados en el interior de la tienda sin decir nada, con lágrimas en los ojos. Al cabo de un rato, Charles rompió el silencio y preguntó:

—¿Puedo orar por ustedes?

Chinira asintió, y Charles se dirigió a Dios, diciendo:

—Padre, Tú conoces a estos preciosos hijos tuyos. Te ruego que vengas a esta tienda y consueles a estas personas que sufren. Hazlas sentir tu amor y tu esperanza.

Cuando abrió los ojos, la chica comenzó a hablar.

—Me llamo Dalila, y estaba en la iglesia cuando comenzó el incendio. Mi hermanito bebé estaba conmigo. —La voz de Dalila era apenas un murmullo mientras les contaba como había salvado a su hermanito de las llamas, y luego se le había escapado en el último segundo, entre la confusión de la multitud despavorida—. Lo solté —dijo sollozando—, y ahora ya no está.

Charles dejó escapar un profundo suspiro.

—Lamento tanto que les haya pasado esto —dijo. A continuación, él y Esther hablaron con Dalila sobre su hermanito, para asegurarla que en aquel momento estaría seguramente ya en el cielo, más allá de todo mal. Después desafiaron a Chinira y a Dalila a perdonar a las personas que les habían hecho tanto daño—. No serán libres ni podrán curarse de sus heridas emocionales hasta que no perdonen —dijo Esther con ternura.

Charles sabía perfectamente lo difícil que era perdonar cuando alguien te ha hecho tanto daño, pero Dalila fue capaz de orar, y le dijo a Dios que perdonaba a los que habían atacado la iglesia y le habían causado un dolor tan profundo. A continuación, Charles invitó a Dalila a ir a la zona de la MCF, donde podría comer todos los días y seguir con su educación. Por primera vez, vio a la chica sonreír.

Charles y Esther salieron de la tienda abrazándose el uno al otro. Había tanto dolor, tanto sufrimiento en tan solo una tienda, una familia, y había tantísimas tiendas de campaña en el campamento. Y cada una de ellas estaría, sin duda, ocupada por personas con una historia igualmente sobrecogedora.

—Jesús —oró Charles en alto—, guía nuestros actos y transfórmanos en una fuente de sanación para estas personas rotas y heridas.

A continuación visitaron otras tiendas, escuchando la historia de las personas que las ocupaban y orando por ellas. Cuando regresaron a la zona de la MCF, encontraron a cientos de niños que ya habían oído hablar de la Familia y que esperaban en fila el reparto de comida.

Con el paso de los días, las sesenta y cinco personas del equipo de la MCF en el campamento lograron proveer diariamente comida para siete mil quinientos niños y escolarización para tres mil quinientos. Además proporcionaron atención psicológica específica para traumas y organizaron actividades deportivas. Pero a Charles le preocupaban especialmente la situación en que se encontraban los huérfanos y las embarazadas.

Un mes después del estallido de violencia en Kenia provocado por las elecciones, el que había sido secretario general de las Naciones Unidas, el Sr. Kofi Annan, llegó al país para mediar en una solución que pusiera fin a la tragedia. A finales de febrero del 2008, logró que los dos partidos políticos enfrentados firmaran un acuerdo para formar un gobierno de coalición. La violencia cesó, pero dejó atrás más de mil quinientos muertos y seiscientas mil personas desplazadas. Los miembros del equipo de la MCF continuaron trabajando en el campamento hasta el 17 de diciembre de 2008. Durante ese tiempo, alimentaron y educaron a los niños allí refugiados y trabajaron en estrecha colaboración con la Cruz Roja.

Cuando terminaron su labor en el campamento de desplazados, Charles y Esther acogieron en su familia a doscientos cincuenta niños del campamento que no tenían adonde ir, con lo que el número de niños bajo su cuidado aumentó a más de seiscientos. Entre los que pasaron a vivir con la Familia de los Niños Mully estuvo Dalila. Su madre pidió a

Charles y Esther que la acogieran, ya que ella no tenía como proporcionarle comida o un lugar donde vivir. A Charles le encantó tener la oportunidad de ofrecerle un nuevo comienzo, tanto a ella como al resto de los niños desplazados que no tenían quién los cuidara.

Pero al año siguiente, en 2009, un nuevo drama se abatió sobre Kenia: la sequía. En gran parte del país dejaron de caer las lluvias habituales. Las cosechas empezaron a secarse y el ganado empezó a morir por falta de agua. La llamada Provincia Oriental de Kenia, donde estaban los terrenos de Yatta y Ndalani, fue una de las zonas más castigadas por la sequía. La zona que rodeaba a las propiedades de la MCF siempre había sido semiárida, pero gracias al agua del río Thika y al pozo de Jacob en Ndalani, y gracias al agua de escorrentía en Yatta, se habían podido cubrir las necesidades de los que vivían allí. Esto había permitido regar los campos y los invernaderos para que la MCF produjera abundantes cosechas, incluso cuando las lluvias eran tardías o menores de lo esperado.

Sin embargo, en 2009 la situación empeoró drásticamente. No cayó ni una gota de lluvia y al cabo de poco tiempo el normalmente caudaloso río Thika, uno de los mayores del país, se secó por completo. A Charles se le hizo rarísimo poder caminar por el lecho de arena seca y piedras del río, transitando por lugares donde muy poco antes el agua lo habría sumergido por completo. Nadie en el distrito podía recordar un tiempo en el que el río hubiera estado tan seco. Para empeorar las cosas, la sequía persistió en el tiempo y el pozo de Jacob también se secó. Charles se vio forzado a contratar un camión cisterna que fuera allí todos los días desde Nairobi, en un viaje de cuatro horas, con el fin de abastecerlos de agua.

Sin poder recurrir al río Thika para regar, las cosechas comenzaron a secarse. Los campos de cultivo, normalmente verdes, se convirtieron en polvorientas extensiones de color marrón. La situación se hizo desesperada. Charles convocó a todos los niños y empleados de Ndalani y Yatta a una reunión conjunta para rogar a Dios que lloviera. Todos se arrodillaron y oraron durante horas, pero la sequía prosiguió inconmovible.

Al final Charles tuvo que mandar traer de Nairobi no solo agua, sino también comida para alimentar a la siempre creciente Familia de los Niños Mully, pero comprar alimentos en medio de semejante sequía resultaba muy caro.

En las granjas y pueblos de los alrededores de Ndalani y Yatta vivían unas cuarenta mil personas, y no tardó en llegarle a la MCF la noticia de que el hambre estaba haciendo estragos también entre ellas. La mayoría de las familias solo hacían una comida al día, y a veces se la saltaban para poder ahorrar las pocas provisiones que tuvieran a mano. Debido al hambre, muchos niños comenzaron a faltar a la escuela. Charles sabía que tenía que dar algún tipo de respuesta a dicha situación, así que decidió proporcionar una comida caliente diaria a los niños de la zona. Cada día, una media de unos mil niños se acercaban a la MCF para recibir una comida, a veces caminando entre ocho y diez kilómetros para llegar allí. En ocasiones, los niños llegaban acompañados de un familiar o un guardián hambriento. Charles los alimentaba a todos y, mientras comían sentados en el suelo, aprovechaba para pasar entre ellos y hablarles del amor de Dios.

Charles dedicó muchas horas a la oración, no solo pidiéndole a Dios que volvieran las lluvias en todo el país, sino también rogándole la comida y el agua que necesitaban con desesperación. A medida que las noticias acerca de la sequía y el hambre que azotaban a Kenia se extendían por el mundo, la gente empezó a donar dinero a la MCF para que pudieran sobrevivir en medio de una situación tan dramática.

Aunque alimentaban a los niños de los alrededores con una comida caliente al día, Charles sabía que sus padres y otros miembros de sus familias también necesitaban ayuda, así que organizó un día en el que la MCF donaría provisiones de comida a las familias que vivían en los alrededores. Para su gran sorpresa, el día previsto aparecieron diez mil personas dispuestas a recibir maíz, habichuelas y harina. La MCF tuvo que improvisar rápidamente un sistema de organización para que todo el mundo se pusiera en fila y esperara su turno. Primero se les sirvió a todos una comida caliente, y luego fueron distribuidas las provisiones. Tardaron cuatro horas en entregar toda la comida a la multitud. Para mantener el orden, Charles se encargó de asegurar continuamente a aquellos que se encontraban al final de la fila que habría comida y agua suficientes para todos.

Ese mismo año, en medio de los horrores de la sequía, Charles recibió dos galardones. En primer lugar, el *United Graduate College and Seminary* de Estados Unidos le concedió un doctorado honorífico en humanidades, así que se transformó en el Doctor Charles Mulli. También recibió una Distinción del Jefe del Estado por los servicios prestados a sus compatriotas a través de la MCF. Este galardón le fue entregado por el presidente de Kenia, Mwai Kibaki. Aunque recibió con gratitud ambos honores, estos no eran el fin último de su labor. Su motivación provenía de su confianza en que estaba haciendo lo que Dios le había pedido, y aún le quedaban un montón de cosas por hacer.

Desde el principio, Charles había buscado el modo de conseguir que la Familia de los Niños Mully pudiera sostenerse a sí misma. En el hogar de Eldoret habían empezado cultivando sus propias hortalizas en el patio. Esto no solo contribuyó a la alimentación de los niños, sino también a que aprendieran cómo cultivar una huerta. Por entonces, tanto en Ndalani como en Yatta se producían productos agrícolas y se practicaba la horticultura a gran escala. Ambas propiedades contaban con enormes invernaderos donde crecían vegetales durante todo el año. Esto ayudaba a alimentar a los niños y generaba ingresos, obtenidos sobre todo a través de la exportación de habichuelas verdes a Europa. Además, la piscifactoría de Yatta progresaba adecuadamente.

Pero Charles quería hacer más. La sequía les había demostrado lo mucho que dependían del clima, especialmente por encontrarse en una zona semiárida. Sin embargo, se dio cuenta de que no siempre las cosas habían sido así. Algún tiempo atrás Ndalani y Yatta habían sido mucho más verdes y la zona había tenido un clima mucho más suave. Sin embargo, con el paso de los años y debido a la actividad humana, la mayoría de los árboles de la zona habían sido talados. Esto tuvo dos efectos: la erosión del suelo y el incremento de la temperatura, lo que hizo que la zona se convirtiera en semiárida.

Charles pensó que si las acciones de la gente podían cambiar de forma tan drástica el clima de una
zona a lo largo de los años, cierta actividad humana en sentido contrario podría devolver las cosas a
su estado original. Por lo tanto, decidió dedicar su
esfuerzo a crear un microclima alrededor de Ndalani y Yatta que produjera un ambiente más fresco
y atrajera más lluvia. Esto haría que la tierra fuera
más productiva, no solo para la Familia de los Niños
Mully, sino también para todos los habitantes de la
zona. A fin de crear dicho microclima Charles se dedicó a la reforestación.

En sus dos propiedades ya había plantado árboles desde el principio, pero lo había hecho sobre todo
por motivos estéticos y para que sirvieran de corta-
vientos que protegieran las cosechas. Pero a medida
que la sequía fue pasando y el agua volvió al río y al
pozo, inició una campaña sistemática e intensiva de
reforestación en ambas propiedades. Inicialmente se
centró en la plantación de dos especies de árboles
muy resistentes a la sequía y de rápido crecimiento:
grevilleas[1] y sennas[2]. Grandes parcelas de terreno se

---

1   Grevilleas: árbol generalmente perennifolio —si hace frío puede per-
der las hojas— alcanza los 50 m en su lugar de origen (Australia). De
copa casi piramidal, a veces desdibujada, y de un tronco recto y grueso
hasta de 1 m de diámetro. La corteza es pardo grisácea oscura, muy
fisurada con la edad y «sangra» fácilmente cuando se la hiere. Las hojas
son alternas, compuestas, muy grandes (15-30 cm de longitud) y recortadas
de manera muy complicada. De primavera a verano florece de forma
muy llamativa, especialmente por el vivo color amarillento o anaranjado
de sus flores. Se usa en muchos lugares para reforestación. Su nombre
está dedicado al botánico escocés del siglo XVIII Charles Francis Greville
2   Sennas: es un género de la familia Fabaceae con más de 250 especies.
Es nativo de todas las regiones tropicales, con alguna de las especies
distribuidas por las regiones templadas. Las especies de este género
poseen flores amarillas. Pueden ser hierbas, pequeños árboles o incluso
lianas, pero típicamente son arbustos o subarbustos es un género de la
familia.

reservaron para ello tanto en Yatta como en Ndalani. Los niños, junto con otras personas que vinieron a ayudar y a aprender técnicas de conservación y cuidado de la tierra, se pusieron manos a la obra. Y no se limitaron a plantar unos pocos árboles, sino que, en conjunto, plantaron cerca de cuatro millones de ejemplares entre ambas propiedades. Tal como Charles había previsto, pronto comenzó a desarrollarse un microclima que cambió la zona. Las nubes comenzaron a formarse sobre las copas de los árboles y empezó a llover con regularidad. Los árboles también hicieron descender la temperatura, refrescando el ambiente en toda la zona alrededor de Yatta y Ndalani. El paisaje, antes árido y marrón, se transformó en un manto verde y frondoso.

A Charles le animó tanto el éxito del proyecto de reforestación que se asoció con una organización de ayuda de la Iglesia noruega para reproducir la creación de microclimas en otros lugares de Kenia. En Yatta montaron un vivero que producía un millón de árboles jóvenes al año destinados a entregarse gratuitamente para su plantación en otras regiones del país. El 2010, Charles fue premiado con un certificado del programa de protección del medio ambiente de Naciones Unidas que reconocía sus esfuerzos en la tarea de conseguir cambios tangibles en el medio ambiente keniata.

Su nuevo interés en la conservación medioambiental y la reforestación le llevó a crear en Yatta un centro de producción de carbón vegetal. Con el paso de los años, la mayoría de los árboles de Kenia se habían talado con el fin de usarlos como leña. Pero el deseo de crear microclimas, no solo en los alrededores de Yatta y Ndalani, sino por todo Kenia, llevó a

Charles a la conclusión de que si producía un combustible eficiente que se pudiera utilizar para coci-
nar, la gente dejaría de talar árboles. Ese combustible era el carbón vegetal. No solo era más eficiente
que la leña, sino que al quemarse no producía tanta
cantidad de monóxido de carbono, lo que además
ayudaba a reducir las emisiones de gases de efecto invernadero a la atmósfera. El carbón vegetal ya
se usaba en la mayoría de las grandes ciudades de
Kenia, pero los habitantes de las zonas rurales no
tenían acceso a él, por lo que recurrían a los árboles.
Charles esperaba poder cambiar ese hábito.

En el 2011, Charles fue nombrado por segunda
vez doctor honoris causa, esta vez por la Universidad de Kabarak, en Kenia, y a causa de su trabajo
social. Daniel arap Moi, el rector de la universidad y
antiguo presidente del país, le impuso personalmente el doctorado a Charles.

Animado por el interés nacional e internacional
por la conservación de la naturaleza, Charles puso
en marcha una ciudad ecológica en Yatta, con fuen-
tes de energía de origen solar, eólico y procedente de
biomasa[3]. La MCF puso también en marcha el Día
anual de la concienciación acerca de las energías renovables, para mostrar lo que estaban haciendo y
que se viera el impacto tan positivo que tenían en
las comunidades vecinas. También ofrecieron ayuda
y asesoramiento a todos los que estuvieran interes-
ados en poner en marcha sus propios planes de
mejora medioambiental.

Por supuesto, a Charles le encantó ver cómo los
niños de la Familia de los Niños Mully iban siendo

_____
3   Biomasa: Materia orgánica originada en un proceso biológico, es-
pontáneo oprovocado, utilizable como fuente de energía.

cada vez más conscientes de la importancia de cuidar y mejorar el medioambiente. Pero hubo otros logros que también le animaron bastante: el equipo de karate de la MCF se proclamó campeón de Kenia y tuvo un desempeño espectacular en los campeonatos de África central y del este. Además, los chicos de la MCF continuaron graduándose en el colegio con notas muy altas. De hecho, éste se consolidó como uno de los diez mejores colegios del país, y cada año unos cien estudiantes salían de allí para formarse en escuelas taller, institutos técnicos y universidades.

En el 2014, Charles cumplió sesenta y cinco años, y la *Familia de los Niños* Mully celebró su veinticinco aniversario, pero Charles no aflojó el ritmo. Ese mismo año recibió el premio Transformar Kenia en la categoría de educación. Los premios Transformar Kenia tenían como objetivo reconocer y distinguir a aquellas personas que, utilizando medios innovadores, hubieran logrado mejorar las condiciones de vida de los keniatas. Cuando aceptó el premio, Charles se recordó a sí mismo que todavía tenía mucho más que hacer, y había muchas iniciativas innovadoras que quería implementar, no solo en beneficio de la Familia de los Niños Mully, sino en el de Kenia y en el de toda África.

Capítulo 15

«Continúa haciendo siempre el bien»

Hacia finales de 2014, Daudi Mulli, el padre de Charles, que por entonces tenía ya noventa y un años, enfermó de cáncer. En febrero de 2015 fue hospitalizado en la unidad de cuidados intensivos del hospital de Nairobi. Por entonces, la MCF tenía una oficina permanente en la ciudad, así que Charles decidió trabajar desde allí para poder visitar a su padre varias veces al día.

El 4 de marzo de ese año, Daudi pidió a su hijo que llevase a todos los hermanos y a la madre de Charles al hospital. Cuando estuvieron alrededor de su cama, Daudi, cuyo cáncer se había extendido a los pulmones, lo que le dificultaba la respiración, hizo acopio de fuerzas y se incorporó en el lecho, recostándose.

—Voy a dejarles pronto —dijo—. Le paso el bastón de mando a Charles, quiero que todos le presten atención, pues él los llevará a un nivel más alto. Deben vivir en paz entre ustedes y comportarse como una familia. Si lo hacen así, Dios los bendecirá, y también a sus hijos y sus nietos.

Mientras permanecía junto a la cama de su padre, Charles se maravilló de cómo había llegado a amar y a admirar a aquel hombre. Durante los años transcurridos desde su conversión a Cristo, Dios había tomado a esa persona terca y cruel y la había transformado en un padre amoroso. Daudi había aprendido a relacionarse con las demás personas y a preocuparse sinceramente por ellas. Mucha gente había dado testimonio a Charles de lo amable y cariñoso que era su padre. Daudi había sido elegido anciano y miembro del consejo de la iglesia de su aldea, y dedicaba muchas horas a la semana a animar en su fe a los jóvenes.

Dos días después, Charles aprovechó su hora libre del almuerzo para ir a visitar a su padre. Como de costumbre, al llegar permaneció sentado en silencio en el borde de su cama. Unos minutos más tarde, su padre se despertó.

—Ah, estás aquí —dijo.

—Sí —contestó Charles.

—Hay gente que me apresura para que inicie un largo viaje, pero no quiero irme sin antes decirte algo: continúa haciendo siempre el bien a los demás. Sigue ayudando a los niños, sigue liderando. No te rindas, ayuda a los pobres.

Tras una pausa, Charles preguntó:

—¿Hay algo que quieras que le diga a la gente?

—No, nada más. Esta vida es un viaje, y ahora debo completar el mío —añadió su padre.

Los ojos de Charles se llenaron de lágrimas, y estas rodaron por sus mejillas al inclinarse para darle a su padre un beso de despedida. Aquel mismo día, a las cinco de la tarde, Charles recibió una llamada de teléfono del médico diciéndole que su padre no se encontraba bien. Fue al hospital a toda prisa, pero cuando llegó Daudi ya había fallecido.

Mientras conducía de regreso a su oficina, la mente de Charles viajó al tiempo en que era un niño y temía el regreso de su progenitor borracho a casa cada noche, y recordó también el miedo que tenía a que su madre pudiera morir a causa de una paliza. También le vinieron a la memoria las repetidas ocasiones en que su familia lo había abandonado, y cómo le habían negado su ayuda cuando era un niño pequeño y estaba solo en el mundo. Rememoró su esfuerzo por conseguir alimentos y una buena educación. Pero, sobre todo, recordó el día en que convocó a su padre ante el consejo del clan de su tribu y vio como era azotado por unos jóvenes. Si hubiera esperado otros cinco minutos, su padre hubiera muerto aquel día. Pero algo le impulsó a intervenir y rogar por la vida de Daudi. También le vino a la memoria la visita que hicieron al hechicero y cómo su padre fue comprendiendo lentamente que estaba sirviendo a los espíritus equivocados, que el Espíritu de Dios era mucho más poderoso que los espíritus de sus antepasados. Tras aquellos sucesos, Charles fue testigo de cómo su padre y su madre se transformaban en una pareja bondadosa, compasiva y piadosa. Sus padres habían dedicado muchas horas a orar juntos por la obra de la MCF.

El funeral de Daudi fue todo un acontecimiento. Conforme a la tradición Kamba, fue velado en su casa, aunque la gente no tardó en abarrotarla y extenderse por la calle. Más de tres mil personas, entre autoridades, ancianos de iglesias, granjeros y niños permanecieron lado a lado bajo el sol abrasador. Charles se dirigió a ellos para decirles que sus vidas eran como una carrera de maratón. Algunos, como su padre, no comienzan bien, cojean y se desvían del camino, pero eso no impide que al final puedan terminar con fuerza.

—No debe desanimarte —dijo Charles— que hasta ahora nunca lo hayas hecho bien. Lo que de verdad importa es que termines con fuerzas y sigas avanzando con fe. En la vida el éxito no se mide por la humildad de tus comienzos, sino por la grandeza de tu final. Mi padre terminó su carrera como un gran hombre. Yo no creo que mi padre haya muerto, solo se me ha adelantado al encuentro con Jesús, y un día yo seguiré sus pasos.

Tras el servicio fúnebre, Daudi fue enterrado en su propio terreno. Después, la familia regresó a la propiedad de la MCF en Ndalani para compartir una cena. Charles agradeció poder estar acompañado de todos sus hijos biológicos. Ya eran todos mayores, y todos tenían un título universitario, excepto Isaac, que había obtenido un diploma en tecnología en información. La mitad de ellos estaban casados, y entre todos habían dado a Charles y Esther diez nietos, siete niñas y tres niños.

Durante la cena, la familia Mulli habló de los viejos tiempos y de cómo recordaban los hijos mayores la época en que Daudi se había convertido, transformándose en un abuelo maravilloso. También hablaron acerca del presente, de los tres mil niños que estaban en esos momentos bajo sus cuidados, y de los diez mil a los que habían ayudado a lo largo del tiempo, y que ya habían crecido y «abandonado el hogar».

La Familia de los Niños Mully tenía en ese momento siete centros repartidos por Kenia. El lugar donde todo había empezado, el antiguo hogar de los Mulli en Eldoret, seguía en funcionamiento y estaba centrado en rescatar a niños huérfanos o vulnerables, que vivieran en el valle del Rift o en las provincias occidentales del país. La mayoría de los niños rescatados gracias a la labor realizada en Eldoret eran posteriormente trasladados a los centros de Ndalani o Yatta, lugares que seguían siendo los principales centros de operaciones de la MCF.

Cerca, en Kangundo, habían abierto otra instalación, que funcionaba como un centro social de día que proporcionaba educación primaria gratuita, alimentos, ropa, atención sanitaria y asesoramiento espiritual a los niños huérfanos de la zona, que vivían con sus abuelos o con otros miembros de la familia. En Vipingo, un barrio marginal situado cerca de la costa, justo al norte de Mombasa, la MCF tenía un centro que trabajaba con chicos y chicas necesitados, la mayoría de ellos víctimas de abusos. Dicho centro tenía un comedor social y un programa permanente de educación. Muchas de las niñas que pasaban por un proceso de rehabilitación en Yatta procedían de dicha zona. Las instalaciones del barrio marginal de Kipsongo, en Kitale, estaban situadas al norte de Eldoret, cerca de la frontera con Uganda. Dichas instalaciones contaban también con un comedor social y proporcionaban educación primaria a los niños necesitados del suburbio.

El más reciente de los centros de operaciones de Kenia se estaba aún montando en el extremo norte del país, en Lodwar, condado de Turkana, cerca de la frontera con Etiopía y Sudán del Sur. Estaba situado en una zona del país muy árida y con tendencia a sufrir sequías y hambrunas. También se trataba de una de las zonas más subdesarrolladas de Kenia, donde predominaban la pobreza y el analfabetismo, y había una gran carencia de servicios básicos, como hospitales y escuelas. Charles había puesto grandes expectativas en este nuevo centro, y esperaba que la MCF pudiera proveer comida, educación, ropa y agua potable a los niños más necesitados y vulnerables de la zona.

La Familia de los Niños Mully había abierto también una delegación en Dar es Salaam, la mayor ciudad de la vecina Tanzania. Mientras hablaba con su familia acerca del futuro, Charles consideró su próximo sueño: fundar una universidad cristiana en Yatta que diera servicio a los estudiantes de la MCF y a los pobres de Kenia. Su plan consistía en que las materias enseñadas estuvieran enfocadas en capacitar a los jóvenes para el liderazgo en Kenia y otras zonas de África. Ofrecerían grados en agricultura, protección del medioambiente, energías renovables, educación, desarrollo social e iniciativa empresarial. El treinta por ciento de las matrículas de la nueva universidad estaría reservada para estudiantes muy pobres, que no tuvieran ninguna otra posibilidad de realizar estudios universitarios.

Tras el servicio fúnebre y la cena, ya avanzada la noche, cuando todo el mundo se había ido a dormir, Charles y Esther salieron al exterior y se sentaron durante un largo rato a contemplar la espectacular noche estrellada. Charles rompió el silencio.

—Estos veinticinco años han sido toda una aventura, ¿no es verdad, Esther?

Su esposa sonrió y se giró hacia él.

—Sí que lo han sido, pero lo cierto es que Dios nos ha guiado.

—Desde luego —admitió Charles—, y esto aún no ha acabado. La universidad es nuestro próximo gran desafío. ¿Estás conmigo en ello?

—Por supuesto —respondió ella.

Charles rió.

—Como ya sabes, la parte más difícil es lograr que los demás comprendan la visión que Dios me ha dado. Algunos, incluso cristianos de nuestra organización, no creen que sea posible. Piensan que no es realista esperar que tres mil estudiantes vayan a la universidad. Pero yo creo que al final el Señor los convencerá, y en ese momento nos pondremos en marcha como equipo, unidos.

—Yo también lo creo —dijo Esther tomándolo de la mano.

Charles le dirigió una sonrisa.

—Debemos seguir orando hasta que ese sueño se haga realidad, Esther. Nuestra tarea consiste en orar. Todo lo demás será el resultado de la oración. Lo último que me dijo Daudi antes de morir fue: «Continúa haciendo siempre el bien a los demás». Con la ayuda de Dios, nunca dejaré de hacerlo.

Si deseas recibir más información sobre la obra actual de la Familia de los Niños Mully, por favor, visita las siguientes páginas web:

- Para obtener información sobre la Familia de los Niños Mully en Kenia: *MullyChildrensFamily.org*
- Para obtener información sobre la actividad de la Familia de los Niños Mully en Estados Unidos: *mcfus.org*
- Para obtener información sobre la actividad de la Familia de los Niños Mully en Canadá: *mcfcanada.org*

Si deseas saber más acerca de Charles y su familia, te recomendamos que veas el documental de reciente estreno titulado *Mully*, dirigido por Scott Haze.

El matrimonio Janet y Geoff Benge, marido y mujer, forman un equipo de autores con una experiencia de más de veinte años. Janet fue maestra de escuela elemental. Geoff es licenciado en historia. Ambos sienten pasión por revivir la historia para una nueva generación de lectores. Naturales de Nueva Zelanda, los Benge residen cerca de Orlando, Florida.